Rita Ackermann

Ab heute lasse ich mir Flügel wachsen!

Verlag Peter Erd · München

Dieses Buch widme ich in Dankbarkeit und Liebe folgenden Personen: André ... André ... André, Mischi & Domenico, Zipf, Kiki, Angelo, Memi, Doris & Matthias, Gilby, Christina, Uli & Ecky, Biggi & Peter, Annemarie & Ruedi, Marlies & Markus, Esther, Jutta, Container-Susi, Ursel, Heidi & Herbert und zu guter Letzt Bill Clinton.

Die in diesem Buch aufgeführten Ratschläge wurden von Autor und Verlag sorgfältig geprüft. Eine Garantie bzw. Haftung kann jedoch nicht übernommen werden.

1. Auflage 2001
Umschlaggestaltung: Judith Ammon
Umschlagfoto: IFA-Bilderteam GmbH
Autorenfoto Rückumschlag: Dieter Blum
Lektorat, Satz, Gestaltung: Judith Ammon

ISBN 3-8138-0532-8

Inhalt

Vorwort

... Nun, da bin ich wieder, und es stimmt halt doch: Wer einmal ein Buch geschrieben hat, kann es nicht mehr lassen ...

Es juckt mich schon lange in den Fingern, den Leser/innen meines ersten Buches *Ab heute tu ich, was ich will!* und natürlich auch meinen Erstleser/innen über die Weiterentwicklung meiner Beziehung zu meinen Eltern nach Erscheinen des ersten Buches kurz zu berichten. Ich hatte mich seinerzeit dazu entschlossen, ihnen von dem Buch nichts zu erzählen. Ich wollte es dem sogenannten »Zufall« überlassen, ob sie es in die Hände bekommen oder nicht. Ich wollte sie eigentlich mit dem krassen, aber wahren Inhalt auch nicht konfrontieren und schon gar nicht unsere neugewonnene Freundschaft aufs Spiel setzen.

Nun ist es so: Es ging in die Hose! Irgendeine zuvorkommende Person hatte meinen Eltern das Buch anonym zugespielt, und die wiederum dachten, ich hätte dies veranlasst ...! Zufall? Es gab einen schlagartigen Bruch ohne ein persönliches Gespräch.

Die Person, die das angerichtet hat, möchte ich darum bitten, auch dieses Buch weiterzuleiten und ... es sei ihr vergeben!

Ich hatte nie die Absicht, mit meinem ersten Buch meine Eltern blosszustellen oder zu verletzen, ich wollte lediglich Menschen in ähnlichen und aussichtslosen Situationen helfen, ihr eigenes Leben in den Griff zu bekommen. Sehr viele Leser/innen meines ersten Buches haben dies erkannt und einige Bereiche in ihrem Leben zum Positiven verändert. Wollte man alle Leser- und Dankesbriefe, die ich erhalten habe veröffentlichen, sie würden ein weiteres Buch füllen. Eine Auswahl finden Sie im Anhang dieses Buches.

Keine/r dieser Leser/innen äußerte sich auch nur mit einer Silbe schlecht über meine Eltern ... ein herzliches Dankeschön an alle, die mir geschrieben haben! Ich meinerseits habe durch das Schreiben des Buches alles aufarbeiten können, ich bin frei.

Was haben meine Mutter und mein Vater aus dieser Chance gemacht? Haben sie sie genutzt? Sie haben sich von der gesamten Familie zurückgezogen, fühlen sich verletzt und von mir angegriffen, und sie denken dabei nicht daran zurück, wie ich mich damals als Kind gefühlt habe. Niemand weiss, wo sie wohnen, niemand weiss ihre Adresse, nur dass sie eine geheime Telefonnummer haben ist uns bekannt.

Durch diesen Rückzug haben sie ausserdem (wie jedesmal) den weiteren Familienzuwachs, nämlich die Geburt unseres vierten Kindes (ihres Enkelkindes) verpasst ... und haben keine Ahnung davon, dass sie nochmals Grosseltern eines süssen Angelo geworden sind!

Memi, meine Pflegemutter, ist mittlerweile 87 Jahre alt und kann mit den bösartigen Anschuldigungen und ungerechten Vorwürfen, die mein Vater ihr gegenüber ins Telefon brüllte, bis ans Ende ihrer Tage nicht mehr glücklich sein. Würde ich sie nicht immer wieder aufs neue über die Gesetzmässigkeiten des Lebens aufklären und sie aufbauen, sie ginge vor Kummer und Herzschmerz ein. Memi ist heute sehr stolz auf mich und mein Buch, sie wusste genau-

sowenig über das Entstehen des Buches *Ab heute tu ich, was ich will!*.
Ab sofort werde ich nichts mehr über meine Eltern schreiben, da es nichts mehr zu berichten gibt.

Friede sei mit uns!

Kapitel I : Ängste

Statt Wechseljahre noch ein Baby

Da selbst ich das Älterwerden nicht aufhalten kann und auch nicht will, bat mich unser Freund und Verleger, doch ein Buch über die Wechseljahre der Frauen zu schreiben.

Mittlerweile bin ich 45 Jahre alt geworden und dachte schon, mit den ersten Unannehmlichkeiten der Wechseljahre in Berührung gekommen zu sein. Nun gut, ich hätte zu diesem Thema einige Interviews mit leidgeprüften Frauen organisieren müssen, aber siehe da: Ich war wieder schwanger und das mit 44 Jahren! So müsste ich eigentlich ein Buch über späte Schwangerschaften schreiben.

Übrigens wird zum Thema Wechseljahre trotzdem ein Buch mit dem Titel *Die sieben Häutungen der Schlange* (im Verlag Peter Erd) erscheinen. Dieses Buch schreibt eine liebe Freundin von mir. Sie ist in dieser Thematik äusserst kompetent, und ihr humorvoller Stil wird die Leser/innen begeistern.

Im Juli 1999 habe ich dann ein Prachtexemplar von einem Burschen mit dem vielversprechenden Namen Angelo Merlin Christo geboren. Meine Familie ist noch heute ganz ausser sich vor Freude über dieses späte Glück!

Mein Mann Andreas und ich hatten vor sechs Jahren noch ein weiteres Kind »geplant«. Ich hatte seinerzeit sofort die Pille abgesetzt und meine Programmierung wie folgt ans Universum geschickt: »Wenn es zum Wohle aller ist, haben wir noch ein zusätzliches Kind.«

Da ich die Entscheidung einer möglichen Schwangerschaft direkt dem Universum übergeben habe, begleitete mich immer die starke Überzeugung, es wird schon richtig kommen. Ich wurde und wurde nicht schwanger ... also kein Kind mehr ... schade! Wir alle, unsere ganze Familie akzeptierte dies. Das Thema Babywunsch wurde auch nie zum Hauptthema und so kam es, dass wir den Wunsch nach einem weiteren Baby gänzlich strichen bzw. vergassen. Es ist ja nicht so, dass die Familie Ackermann sonst keine Ziele oder Wünsche hat. Im Laufe der Zeit haben wir andere Ziele angestrebt und auch erreicht. Wir konnten uns voll auf unsere Seminare konzentrieren, was wiederum unseren Teilnehmern zugute kam.

Nun, was lernen wir aus dieser Geschichte? Indem wir den Babywunsch vergassen (losliessen), gaben wir keine Energie in diese Angelegenheit. Andererseits nahmen wir die Entscheidung des Universums vertrauensvoll an und waren dadurch frei für andere Ziele, frei bei unserer Zukunftsgestaltung.

Wir können nur frei sein, wenn wir unsere Energie nicht an etwas Negatives (in diesem Fall an etwas nicht Erfülltes) binden oder gar daran festhalten (nicht loslassen), dies betrifft auch unsere Vergangenheit. Verharren wir ständig mit unseren Gedanken in unserer schlechten Vergangenheit oder in momentanen unerwünschten Situationen, sprich Problemen, verschwenden wir überaus wertvolle Energie in Tatsächliches oder Unabänderliches, denn die Dinge sind ja bereits geschehen. Statt dessen sollten wir uns diese wertvolle Energie (Aufmerksamkeit) zunutze machen, nämlich für Lösungen, Zielgestaltung und den Glauben an das Gute.

Wenn wir andauernd am nicht erfüllten Wunsch, egal welcher Art, herumstudieren und nicht loslassen, sind wir gesetzesgemäss von Blockaden, Verzweiflung, Trauer, Frust usw. gequält. Denn dann geben wir immerzu Energie (Aufmerksamkeit) in das eigentliche Problem, in den nicht erfüllten Wunsch, und lösen somit einen ungewollten Teufelskreis aus.

Um uns aus dieser Negativspirale wieder zu befreien, müssen wir radikal umdenken, müssen wir lernen, mit unserer wertvollen Energie umzugehen, um sie ab heute nur noch für Lösungen einzusetzen.

Glauben Sie mir, liebe Leser/innen, wenn Sie ab heute diese Gesetzmässigkeiten leben, werden Ihnen Flügel wachsen. Sie werden über sich hinauswachsen, den Sinn des Lebens erkennen und das Leben so wahrnehmen wie es ist, nämlich lebenswert und schön!

Unser Leben wird dadurch einzigartig und positiv. Was könnte schöner sein! Wir schöpfen aus dem vollen, es ist alles im Überfluss vorhanden, wir müssen es nur annehmen wollen und an dieses Wunder glauben.

Ich tue es, weil es für mich gewinnbringend ist und es mir dadurch in allen Bereichen meines Lebens beispielhaft gut geht. Es soll allen so gehen! Auch Ihnen, die diese Zeilen gerade in diesem Moment lesen. Jeder von uns auf dieser Welt ist einzigartig und genial, und wenn Ihnen das, liebe Leser/innen, noch niemand gesagt hat, tue ich es hiermit an dieser Stelle!

Glauben Sie es mir einfach! Wenn selbst ich meine Lebensqualität derart steigern konnte, warum nicht auch Sie! Wir alle sind auf dieser Welt, um zu lernen, um unsere selbsterwählte Lebensaufgabe zu meistern. Wären wir perfekt, sprich ganzheitlich oder göttlich, ohne Fehler und Mängel, würden wir uns wohl kaum in dieser Dimension und auf dieser Welt aufhalten.

Zwei Formen der Angst

Viele von uns begegnen dem Leben generell mit Angst. Angst wird heute sehr gross geschrieben, und wenn einer behaupten würde, dass wir diesbezüglich von aussen, von den Medien, der Politik usw. manipuliert werden, ich würde demjenigen sofort glauben.

Jedesmal, wenn ich Kinder-Mentaltrainings durchführe, befrage ich rein aus »Gwunder« die anwesenden Kinder nach ihren Ängsten. Man lese und staune: Zwei Drittel der Kinder (etwa 35 bis 40 an der Zahl) beklagen sich über die unterschiedlichsten Ängste! Erschreckend, nicht wahr? Wenn wir nicht mit Ängsten umzugehen wissen, begleiten sie uns ein ganzes Leben lang ... igitt! Ist diese Erkenntnis nicht haarsträubend?

Grundsätzlich gibt es zwei Formen der Angst:

1. Die echte Angst, d.h. Furcht, welche wir angesichts einer Bedrohung empfinden.
2. Die andere Angst ist illusionär, sie basiert auf falschen Wahrnehmungen, welche (leider) durch unser Unterbewusstsein gesteuert werden.

Außerdem: Wer keine Angst empfindet, kann keinen Mut beweisen!

Die echte Angst/Furcht sorgt im Falle einer echten Gefahr für einen Adrenalinstoss, damit unser Körper sofort reagieren kann. Für Menschen und Tiere ist dies übrigens ein notwendiges Instrument im täglichen Überlebenskampf. Diese Angst ist eine überaus gewaltige Energie. Sie lässt uns unglaublich schnell rennen, wenn wir uns bedroht fühlen, und wir können Dinge tun, die uns vorher unmöglich erschienen. Diese Angst muss also nicht ausgerottet werden. Wir sollten nur ihre Botschaften an uns besser verstehen. Wenn wir die Angst bekämpfen, wird sie sich noch tiefer einnisten und dann ... gute Nacht!

Vergessen Sie nie: Druck erzeugt immer Gegendruck (auch im Hinblick auf Angst).

Die illusionäre Angst bzw. die falsche Wahrnehmung schlummert gefährlich tief im Unterbewusstsein und wurde oftmals von wohlmeinenden Eltern oder anderen Autoritätspersonen eingepflanzt oder einprogrammiert, nennen Sie es, wie Sie wollen. Unsere Wahrnehmung beruht auf eigenen Überzeugungen, Verhaltensmustern und auf unserer Art und Weise, die Dinge zu sehen. Diese Form der Angst beinhaltet immer eine negative Erwartung.

Wenn uns das einleuchtet, können wir mit diesen Ängsten besser umgehen. Wir verwandeln eine negative Erwartung einfach in eine positive Erwartung! Dies ist nicht sonderlich schwer, erfordert aber etwas Übung!

Lassen Sie mich nochmals wiederholen: Die illusionäre Angst existiert nur in unserer Vorstellung! Die illusionäre Angst ist eine Vorstellung - keine Realität! Ich wiederhole: Die illusionäre Angst kann uns völlig lähmen.

- Wenn wir denken, die Angst ist gross - dann ist sie gross.
- Wenn wir denken, die Angst ist unbedeutend - dann ist sie unbedeutend.

Wir fühlen uns von nun an in allen Bereichen unseres Lebens als Gewinner, und unser Feind, die illusionäre Angst, wird mit der Zeit verkümmern, da wir ihr keine Nahrung (negative Erwartungen und Vorstellungen) mehr geben!

Eifersucht fällt auch unter die Rubrik »illusionäre Angst« und ist bekanntlich weit verbreitet.

Eifersucht ... ist eine Leidenschaft, die mit Eifer sucht ... was Leiden schafft!

Allein die blosse Vorstellung von Situationen, die wir eigentlich verabscheuen, reicht aus, um in krankhafte Eifersucht zu verfallen. Eifersucht kann einen Menschen innerlich zerreissen und ausserdem eine Beziehung sehr schwer belasten. Diese Gefühle sind für beide Seiten einer Beziehung äusserst schmerzhaft und können unter Umständen tödlich enden ...

Eifersucht und, nicht zu vergessen, Neid, basieren auf dem tiefen Glauben an Mangel und ist reine Selbstverachtung. Das heisst, wir glauben, wir seien es nicht wert, geliebt und respektiert zu werden. Eifersucht und Neid entstehen aus einer tiefen Verunsicherung und der Unfähigkeit, uns selbst zu lieben und zu respektieren.

Unsere Vorstellungskraft kann bei starker Eifersucht eine tragende Rolle spielen. Oft stellen wir uns Umstände oder Ereignisse vor, die überhaupt nicht stattfinden! Ein eifersüchtiger Mensch sucht immerzu nach Situationen, in denen er eifersüchtig reagieren kann. Deshalb ist es für Eifersüchtige äusserst wichtig, ihre Fantasie nicht ausufern zu lassen!

Wir lehren unsere Teilnehmer in unseren Mentaltrainings, ihre Ziele und Wünsche mit Hilfe ihrer Vorstellungskraft zu visualisieren, um sie dann zu erreichen. Da unsere Vorstellungskraft eine enorme Energie freisetzt und für das Erreichen unserer Ziele massgebend ist, ist es im Bereich Eifersucht eben auch sehr wahrscheinlich, dass sich unsere »Ziele« (ausufernde, gefährliche Vorstellungen) manifestieren!

Selbst der liebevollste und verständnisvollste Partner hat von diesen andauernden und unbegründeten Attacken einmal die Nase voll und wird sich schliesslich bei Gelegenheit von uns verabschieden. Man nennt dies auch: eine sich selbst erfüllende Prophezeiung ...

Eine gesunde Portion Eifersucht gehört in jede Partnerschaft: Sie ist das Salz in der Suppe! (Zur Überwindung von Eifersucht siehe Übung in Kapitel VI: Mentaltraining.)

Mögliche Ängste bei Erwachsenen

- Mobbing an der Arbeitsstelle/Verdrängungswettbewerb
- Mangelnde Anerkennung durch Mitmenschen
- Angst vor Risiko/Mut
- Existenzängste
- Meine Kinder könnten Versager sein
- Angst vor Veränderungen
- Angst vor Krankheiten
- Mangelndes Selbstwertgefühl/Angst, nicht geliebt zu werden
- Mangelnde Kreativität
- Mangelnder positiver Erfolg

Wie können wir den Tag lebensfroh und voller Energie beginnen, wenn wir von nagenden Ängsten aufgefressen werden?

Vielleicht nehmen wir unsere Ängste gar nicht bewusst wahr, und trotzdem begleiten sie uns wie ein Schatten, sie lasten auf unserem Gemüt. Bekanntlich sind Ängste absolute Energiefresser und blockieren uns in unserer geistigen Weiterentwicklung.

Unterschwellig stellen wir uns laufend Fragen, wie beispielsweise:

- Was ist, wenn ich morgen meinen Job verliere?
- Was muss ich denn noch tun, um mehr Anerkennung zu bekommen? (Keiner mag mich.)
- Was passiert, wenn mich morgen mein Partner verlässt?
- Was geschieht, wenn ich den neuen Veränderungen nicht gewachsen bin?
- Was ist, wenn ich eine Krankheit bekomme?
- Warum haben immer andere mehr Erfolg?

Nach solchen Fragen wundern wir uns noch, wenn unser Stimmungsbarometer auf Null sinkt!

Doch halt, halt, liebe Freunde, ab heute nehmen wir uns vor, nur noch zu hundert Prozent zu funktionieren. Wie das geht? Eine von vielen möglichen Antworten kann ich Ihnen hier geben: Versuchen wir doch einmal, unsere sinnlosen Ängste ausfindig zu machen und sie zu erkennen. Wir akzeptieren sie in diesem Moment des Erkennens. Wir machen uns dabei bewusst, dass Ängste Energiefresser sind und dass sie uns nur blockieren!

Da wir alle danach streben, ein sorgenfreies, glückliches und entwicklungsreiches Leben zu führen, müssen wir die Ängste zuerst annehmen und erkennen, keinesfalls aber ins Unterbewusstsein verdrängen! Dann erst kommt der wichtigste Teil zum Tragen, nämlich die besagten Ängste in positive Visionen (Ziele/Lösungen) umzuwandeln, das ist ein Prozess und erfordert Zeit, Geduld und Ausdauer.

Aber von nichts kommt nichts! Ziele sind eigens dafür da, um erreicht zu werden. Also, machen wir uns an die Arbeit. Unsere ganze Aufmerksamkeit richtet sich nur noch auf unser möglichst hoch gestecktes Ziel. Wie in einem Kopfkino stellen wir uns das gewünschte Ziel so vor, als ob wir es bereits erreicht hätten (Siegerposition einnehmen) und zwar so, oder besser, zum Wohle aller.

Was gibt es Schöneres, als mit seinem Ziel eins zu sein (nicht mehr einsam ...)! Fokussieren wir unsere ganze Aufmerksamkeit voll auf unser Ziel, hat das Problem (Ängste) keine Chance mehr. Wir können unmöglich an zwei Dinge gleichzeitig denken. Ziehen wir das Positive vor, dann wird das Negative automatisch verkümmern.

Das Universum wird dafür sorgen, dass wir unser gewünschtes Ziel erreichen, gleich der Erfüllung eines Gebets.

Die Seele nährt sich von dem, woran sie sich erfreut.

* * *

Für solche geistigen Veränderungen brauchen wir manchmal schon etwas Mut. Was denken unsere Freunde, Kollegen, Familienangehörigen usw. über unseren Sinneswandel und die damit verbundenen positiven Resultate? Dürfen wir es uns überhaupt leisten, nicht mehr zu jammern?

Hilfreiche und unterstützende Gedanken dazu sind:

- ❍ Habe den Mut, an Dich, Deine Ziele und deren Erreichung zu glauben!
- ❍ Habe den Mut, zu entscheiden, was für Dich richtig und wichtig ist!
- ❍ Habe den Mut, zu sagen, was Du denkst (ohne zu verletzen)!
- ❍ Habe den Mut, NEIN zu sagen (ggf. mit einer kurzen Begründung)!
- ❍ Habe den Mut, Du selbst zu sein!
- ❍ Wer bin ich und für wen?
- ❍ Welchen Sinn möchte ich ab heute meinem Leben geben?

Unsere Stärke wächst mit jedem Tag, an dem wir eine mutige Tat vollbringen.

(Zur Überwindung von Ängsten siehe Kapitel VI: Mentaltraining.)

Es gibt auf dieser Welt nur einen Weg, den niemand gehen kann ausser Dir. Frage nicht, wohin er geht – gehe ihn.

(F. Nietzsche)

Mögliche Ängste bei Kindern

- Nicht anerkannt werden
- Noten- bzw. Leistungsdruck (von seiten der Schule und der Eltern)
- Angst vor Mobbing
- Pausenplatzkonflikte (Erpressung/Schutzgeld)
- Schwäche (generell)
- Angst vor Schlägen (Schule/Eltern)
- Verlustängste (ein Elternteil zu verlieren)
- Mangelndes Selbstwertgefühl/Unsicherheit
- Mutlosigkeit
- Schlechte Träume

Was können wir Eltern dafür tun, dass unsere Kinder durch ein angst- und sorgenfreies Leben gehen können?

Mach Dir nichts daraus, dass Deine Kinder Dir nie zuhören.
Sei Dir im klaren, dass sie Dich ständig beobachten.

(Robert Fulghum)

Kapitel II : Kindererziehung

Erziehung ist ausschliesslich Liebe und Vorbild

Wir erlauben uns die Frage, warum unsere Kinder Ängste haben. Eine durch nichts zu erschütternde Tatsache ist:

Unsere Kinder sind unsere Spiegelbilder!

Das heisst soviel wie: Unsere Kinder spiegeln uns das wider, was wir ohne Hilfe eines Spiegels an uns nicht erkennen können oder wollen! Sind wir als Eltern mit Ängsten oder Problemen beladen, sind es unsere Kinder auch.

Mit der Geburt unserer Kinder haben wir unwillkürlich eine Vorbildfunktion übernommen und somit eine gewisse Verantwortung. Es ist also unsere Pflicht, unsere Kinder vorbildlich durch das Leben zu begleiten! Und zwar mit viel Verständnis, Achtung und Respekt! Wir Eltern haben nicht das Recht, unsere Ängste und Probleme zu den Ängsten und Problemen unserer Kinder zu machen.

Mache Dein Problem nicht zu meinem! Das ist einer meiner persönlichen Lieblingssätze, und wo immer ich bei Erwachsenen von diesen Worten Gebrauch mache, hinterlassen sie eine grandiose, nachdenklich stimmende Wirkung. Probieren auch Sie es zu einem gegebenen Zeitpunkt einfach einmal aus! Kinder dürfen nie und nimmer »Abfalleimer« oder »Blitzableiter« sein für Eltern, die nicht in der Lage sind, ihre Ängste und Probleme selbst zu lösen!

Kinder haben auch Rechte:

- Respektiert und geachtet zu werden.
- Eine sorgenfreie Kindheit zu geniessen.
- Immer wieder anerkennend gelobt zu werden (auch für die kleinsten Schritte).
- Unterstützend und durch Vorbild durchs Leben geführt zu werden.
- Schutz und Fürsorge inner- und ausserhalb der Familie zu geniessen.

Auf den von mir durchgeführten Kinder-Mentaltrainings vernehme ich leider und meiner Meinung nach viel zu oft von Kindern, dass sie Stress-Situationen ausgesetzt sind. Diesen Kindern werden z.B. von ihren Eltern (sorry, aber meistens sind es die Mütter) sehr viele Probleme/Aufgaben aufgehalst, die eigentlich nichts mit dem Kind zu tun haben. Was haben, um Gottes Willen, unsere Kinder mit unseren Krampfadern zu tun? Wie kann es eine Mutter wagen, ihrem Kind immense Schuldgefühle aufzuhalsen, nur weil sie Krampfadern bekommen hat? Immer und immer wieder müssen sich diese leidgeprüften Kinder das Gejammer ihrer Mutter anhören, und genau diese Mütter sind entsetzt, wenn ich ihnen schonungslos ihr Fehlverhalten vor Augen führe. Durch meine schonungslose Offenheit und meine Erklärungen, was sie damit alles bei ihrem Kind anrichten, öffnet sich diesen Müttern oftmals eine völlig neue Dimension. Das heisst, diese Mütter wissen überhaupt nicht, was sie mit ihrem Gejammer ihren Kindern antun. Diese Kinder müssen sich dann voller Schuldkomplexe und Unsicherheit durchs Leben kämpfen und leiden unter absolut mangelndem Selbstwertgefühl. So ist das leider!

Übrigens, dadurch wird den Psychotherapeuten die Arbeit nie ausgehen!

Und noch etwas: Ich nenne diese Schuldzuweisungen auch emotionale Vergewaltigung!

- ❍ Was können unsere Kinder dafür, dass wir Mütter eine komplizierte Geburt hatten, dass wir nicht fähig waren, normal zu gebären (warum auch immer)?
- ❍ Was können unsere Kinder dafür, dass wir Eltern Partnerschaftsprobleme haben?
- ❍ Was können unsere Kinder dafür, dass wir Eltern permanent Geldprobleme haben?
- ❍ Was können unsere Kinder dafür, wenn eines der Elternteile arbeitslos wird?
- ❍ Was können unsere Kinder dafür, dass wir Eltern unzufrieden mit uns selbst und unserer Umwelt sind?
- ❍ Was können unsere Kinder dafür, dass wir Eltern keine Ziele/Wünsche haben?
- ❍ Was können unsere Kinder dafür, dass wir Eltern nicht gewillt sind, Eigenverantwortung zu übernehmen, vielleicht indem wir ein Seminar besuchen, wo uns aufgezeigt wird, wie man sich Ziele setzt und auch erreicht?
- ❍ Was können unsere Kinder dafür, dass wir Eltern immerzu und vergeblich auf Hilfe von aussen hoffen?

Überlegen Sie doch einmal: Was können diese Kinder vom Leben erwarten? Diese Kinder sind fürs Leben geprägt, vorprogrammiert!

Ob wir es nun wahrhaben wollen oder nicht: Wir haben bei der Geburt unserer Kinder eine Vorbildfunktion übernommen, also halten wir uns auch daran! Dies würde ja bedeuten, dass wir täglich nicht nur Körperhygiene betreiben, sondern ab heute auch Gedanken- und Verhaltenshygiene! Das müssten uns unsere Kinder eigentlich wert sein, schliesslich halten sie die Zukunft in ihren Händen und die kann uns ja nicht gleichgültig sein! Kinder sind vollwertige Persönlichkeiten, welche ein Recht auf Lebensfreude und Harmonie haben!

So ... nun habe ich mal wieder richtig Dampf abgelassen! Aber glauben Sie mir, liebe Leser/innen, es musste sein. Ich erlebe auf den Mentaltrainings viel Erfreuliches, aber ebensoviel Leid, und wenn es um schlechte Behandlung von Kindern geht, werde ich zur Furie.

Oftmals stelle ich einfach nur Unwissenheit (denn sie wissen nicht was sie tun) bei den Eltern fest – es wäre alles so einfach und schön, würden wir die Kinder einfach nur mehr respektieren!

Würde ich nicht so häufig von hilflosen Müttern angesprochen, würde das Thema »Kind« in diesem Buch vermutlich nicht den ersten Platz einnehmen, da wir persönlich mit unseren vier Kindern keine übermässigen Probleme haben und das nur, weil wir sie von Anfang an mit Respekt und Achtung behandelt haben.

Unwissenheit schützt vor Torheit nicht.

Rang- und Hackordnung unter Kindern

Bedeutsam ist die Stellung (Position) des Kindes in der Familie, weil sie die Erfahrungsmuster über das Funktionieren der sozialen Welt, über den eigenen Stellenwert und die Chancen in der Welt sowie die Verhaltensmuster im Umgang mit anderen prägt.

Jeder Mensch kann nur seine eigene Familiensituation real erleben. So wie ein Mann nie bis ins letzte Detail erleben kann, wie das Empfinden als Frau hier und jetzt geprägt ist, ebenso kann sich ein Ältester nur einfühlend daran annähern, was es heisst, eine Kindheit lang immer das mittlere Kind, ein »Sandwich-Kind«, zu sein.

Jedes Kind hat seine individuelle, einmalige Position in der Familie. Von diesen Überlegungen her wird uns klar, dass kein Kind auch in der gleichen Familie gleich erzogen werden kann. Vergegenwärtigen wir uns, dass die Stellung in der Geschwisterreihe und die Verteilung der Geschlechter in der Familie die meisten, die tiefgreifendsten und prägendsten Erfahrungen der Kindheit durchdringen.

Es sind dauernde Erfahrungen, im einzelnen oft unspektakulär, wissenschaftlich schwer fassbar und nur bedingt anschaulich darstellbar.

Es sind Erfahrungen, die durch nichts auf der Welt ungeschehen gemacht werden können: Das Einzelkind bleibt Einzelkind, das mittlere Kind ein »Sandwich-Kind« und schlussendlich das Mädchen ein Mädchen. Das Einzelkind hat sein Leben lang keine Geschwister, es kann sich nur vorstellen, wie es sein könnte, nicht einziges Kind zu sein. Jedoch wird das feststehende Schicksal individuell verändert, verstärkt oder entschärft, je nach Fähigkeit der Erzieher, Chancen der Position erzieherisch zu nutzen und Härten und Gefahren zu mildern oder aber beides leichthin zu übersehen.

Einzelkinder – die Wegbahner

Seine besondere Schwäche erfährt das Einzelkind angesichts elterlicher Freizeitinteressen, da ihm die geschwisterliche Unterstützung für seine kindlichen Interessen fehlt. Das Einzelkind muss sich immer schon mit Erwachsenen arrangieren und eventuell solidarisieren.

Wir können dies damit erklären, dass keine möglichen Verbündeten auf seiner Stufe und im Kindheitsverhältnis zu seinen Eltern da sind. Seine Anpassungsbereitschaft ist ihm selbstverständlich, d.h. es wird ihrer kaum bewusst, und doch wird es durch sie geprägt.

Einzelkinder sind die einzigen »Hoffnungsträger« innerhalb ihrer kleinen Familie. Nur allzu oft werden auf diese Kinder eigene, unerfüllte Wünsche übertragen. Alles konzentriert sich eben auf dieses eine Kind. Das kann mitunter ein Kind erheblich überfordern oder es gar in eine Richtung drängen, die ihm überhaupt nicht entspricht. Einzelkinder bekommen meistens mehr Aufmerksamkeit, als ihnen gut tut.

Dann ist da das Gefühl eines Einzelkindes, viel allein gewesen zu sein. Ein Einzelkind hat keine andere Wahl, als sich an uns Eltern zu orientieren. Zweit-, Dritt- oder

Viertkinder orientieren sich am älteren Geschwister. Dadurch kann es vorkommen, dass sie ihre grösseren Geschwister einholen oder sogar überholen.

Dabei dürfen wir Eltern nie vergessen, dass auch unser »Grosses« im Grunde noch klein, ein Kind ist. Erfahrungsgemäss sprechen ältere Kinder meist früher und können ausserdem besser artikulieren, weil ihre wichtigsten Gesprächspartner zunächst wir Eltern sind. An uns orientieren sie auch ihr sprachliches Verhalten.

Begleitend sollten wir beachten, dem älteren Kind nicht mit ständigen Ermahnungen bezüglich Rücksicht auf die kleineren Geschwister das Leben schwer zu machen und es nicht zu überfordern. Auch wenn das »Grosse« andauernd auf kleinere Geschwister aufpassen muss, obwohl es doch selbst noch unbeschwert spielen möchte, kann dadurch manches Geschwisterverhältnis dauerhaft gestört werden. Das Babysitten sollte auf freiwilliger Basis stattfinden oder nur in Notfällen, dann macht es dem »Grossen« auch Spass. Welcher Prinz wird schon gerne entthront?!

Zweitkinder

Zweites Kind zu sein hat seine Vorteile. Wir Eltern sind sicherer geworden, gelassener, wissen besser, was wichtig und richtig ist und was nicht. Und auch die Grenzen für das, was Kinder dürfen, sind beim zweiten nicht mehr so eng, sondern gelockerter. Dadurch erweisen sich viele zweite Kinder als ausgeglichener, leichter erziehbar, als weniger kompliziert.

Was sich die älteren Geschwister mühsam allein erwerben mussten, wird einfach kopiert und übernommen. Dies alles trägt ausserdem dazu bei, ein stärkeres Selbstbewusstsein zu entwickeln.

Gestern gerade habe ich in einem Gespräch über Rangordnungen bei Kindern erfahren, dass Nobelpreisträger meist Zweitgeborene sind. So weit, so gut.

»Sandwich-Kinder«

Die Sache kompliziert sich oft, wenn ein drittes Kind geboren wird. Denn mittleres Kind zu sein, ist für viele Betroffene eine Position, mit der sie nur schwer zurechtkommen. Aus der Sicht des »Sandwich-Kindes«: Das Erstgeborene ist das ältere und erfahrenere Kind und vor allem, es war schon mit den Eltern verbündet, als das »Sandwich-Kind« noch gar nicht geboren war (Eifersucht).

Das Drittgeborene nimmt die Stellung des Nesthäkchens ein und hat somit alle Rechte und Ansprüche. Es ist der Sonnenschein der ganzen Familie. So kann es vorkommen, dass Zweitgeborene nach mehr Aufmerksamkeit geradezu lechzen, meist auf eine laute, auffällige und unangenehme Art und Weise, denn sonst wird ihm keine Beachtung geschenkt. Unter gegebenen Umständen könnte man den Zweitgeborenen auch »Mittelstürmer« nennen, damit sich seine verunsicherte Position wieder etwas festigt.

Es ist eine schwierige Aufgabe für Eltern, alles in gerechter Balance zu halten und keines der Kinder zu bevorzugen. Dabei wird äusserst viel Feingefühl und Verständnis verlangt.

Für manche Menschen wird die Position, die sie in der Geschwisterreihe hatten, zum lebenslangen Charakterzug. Eventuelle Ängste vor Konkurrenzsituationen oder andauernder Missklang zwischen Geschwistern mögen hier ihren Ursprung haben.

Nesthäkchen – das jüngste Kind

Dem Nesthäkchen wird nachgesagt, dass es ein Leben lang von allen geliebt und umsorgt, im späteren Leben oftmals die Pflegerolle für die mittlerweile alten oder gebrechlichen Eltern mit Hingabe übernimmt.

Nesthäkchen bleiben ein Leben lang die Kleinen. Allerdings tun sich erwachsene Nesthäkchen schwer, ein

Leben ohne Verwöhnung zu führen. So werden sie sich stets Erstgeborene als Partner aussuchen, von denen sie mit viel Verantwortungsgefühl durchs Leben geführt werden. Ein erwachsenes Nesthäkchen wird sich selten bis niemals einen Partner auswählen, der auch als Nesthäkchen geboren wurde.

Eine Mutter liebt alle ihre Kinder, aber jedes auf eine andere Art!

Gene von Mutter und Vater und die Erwartungen während der Schwangerschaft prägen ein Kind. Dieses Kind ist ein kleiner, kompletter Mensch, ein beschriebenes Blatt – mit einer eigenen Geschichte.

* * *

Die Positionen unserer Kinder können sich laufend verändern, wenn weitere Kinder hinzugeboren werden. Nochmals anders entwickeln sich die Positionen, wenn sich die Mutter einen neuen Lebenspartner zulegt und wenn dieser noch weitere Kinder mit ihr zeugt oder auch mitbringt.

Bei uns in der Familie scheint jedes unserer Kinder auf den ersten Blick ein Einzelkind zu sein, da zwischen ihnen jeweils ein Altersunterschied von sechs bis acht Jahren liegt.

Acht Jahre lang war meine Tochter Michèle ein Einzelkind, bis ihr unser Sohn Zipf folgte – ein Prinz und

Rivale. Probleme hatten wir nie. Michèle hatte sich gefreut, nicht mehr alleine zu sein.

Dann folgte sechs Jahre später unser vermeintliches Nesthäkchen Kiki. Von allen geliebt und vollständig miteinbezogen, wurde sie so verwöhnt, wie es eben sogenannten Nesthäkchen nachgesagt wird. Michèle war froh, sich nicht mehr als alleiniges Mädchen behaupten zu müssen, und unser Sohn Zipf freute sich darüber, nicht mehr der Jüngste zu sein.

Doch wiederum acht Jahre später stiess schlussendlich das wirkliche Nesthäkchen, nämlich Angelo hinzu - jetzt ein Jahr alt. Michèle, heute 23jährig, überglücklich über den Zuwachs, scheint beinahe so eine Art Mutterrolle zu übernehmen. Zipf ist äusserst zufrieden, endlich einen Bruder zu haben und Kiki meint: »Endlich bin ich nicht mehr die Kleinste.« Angelo, unser Nesthäkchen, bekommt von allen seinen Geschwistern so viel Aufmerksamkeit und Liebe, schöner und besser ginge es nicht ... alles konzentriert sich auf ihn, und ihm wiederum scheint dies alles gut zu bekommen, er geniesst in vollen Zügen.

Liebe Leser/innen und Eltern, überdenken auch Sie die eventuellen Positionswechsel Ihrer Kinder, es bringt Klarheit und ist äusserst aufschlussreich.

Es gibt uns ausserdem die Möglichkeit, uns in die Positions-Gefühle unserer Kinder besser einzufühlen, und dies ist letztlich der Schlüssel für mehr Verständnis bei Rivalitäten und Machtkämpfen unter Geschwistern.

Pubertäre Phase: Eine Herausforderung für alle Beteiligten

»Muss denn das Kind stets anderer Meinung sein? Können wir ihm nicht die allergrössten Fehler ersparen?«

Im Grunde genommen meinen es die Eltern gut. Ohne Zweifel: Sie wollen, dass es ihren Kindern gut geht, und sie sind bestrebt, ihren Kindern schmerzhafte Erfahrungen zu ersparen, die aus der bereits gemachten Erfahrung der Eltern voraussehbar sind. Das Kind aber ist langsam beleidigt, immer nur vorgekaute Welt glauben zu dürfen. Überall glaubt es, vorgefilterte Erfahrungen zu erleben.

Die Pubertät ist ein äusserst schwieriges Alter, darüber sind sich alle einig. Theoretisch ist auch vielen klar, in welchem Konflikt sich Jugendliche befinden: Sie möchten selbständig entscheiden und eigene Erfahrungen sammeln, zugleich sind da aber Ängste und Unsicherheiten, deren Entdeckung durch andere als äusserst peinlich empfunden werden.

Im gleichen Konflikt befinden sich gleichzeitig aber auch die Eltern. Die Kinder sollen ja selbständig werden, sie sollen lernen eine eigenständige Rolle zu spielen und sich allein zurechtzufinden. Aber siehe da, auch Zweifel tauchen auf: Kann man es ihm schon zutrauen, hier und jetzt? Da ist es schon: das Misstrauen gegenüber dem eigenen Verantwortungsbewusstsein.

Hier hält die eigene Lebenserfahrung keinen Rat bereit, denn auch für die Eltern ist die Führung von

Jugendlichen (zumindest beim ältesten Kind) eine neue Aufgabe. Was ist, wenn es schiefgeht?

Verbreitet ist das Wissen, dass sich beim Jugendlichen ein innerer Umbruch vollzieht und dass die Auflösung der inneren Stabilität viel äusseren Spektakel verursacht.

Und wie reagieren wir auf diese Erkenntnisse? Es ist wohl zunächst die natürlichste Reaktion der Eltern, dass sie sich vor »Angriffen« schützen wollen. Das Verständnis wird vornehmlich dazu benutzt, selber unbeschadet und mit möglichst wenig Verunsicherung über das hinwegzukommen, was entwicklungsmässig offenbar notwendig ist.

Es gibt verschiedenste Ratschläge an geplagte Eltern, wie sie ihren aufsässigen, frechen, nachlässigen und groben Kindern begegnen sollen. Einer der bekanntesten ist, dass sich die Erwachsenen beruhigen sollen, da es ja vorübergehe. Die Eltern sollen auf das Abebben nach der kritischen Phase vertrauen. »Ruhe bewahren« als schlagkräftiges Schutzschild gegen den Ansturm.

Der Jugendliche muss sich von einer solchen taktischen Ruhe gegenüber seinem Drang angegriffen und nicht ernstgenommen fühlen. Die Ruhe der Erwachsenen angesichts seiner eigenen Unruhe muss auf ihn wie blanker Hohn wirken. Psychologisch gesehen, gibt es kaum etwas Giftigeres als Verachtung.

Die Revanche des Jugendlichen besteht im Versuch, die Erwachsenen und all ihre Normen und Vorstellungen nicht ernstzunehmen. Diese Reaktion kann zum Verhängnis werden. Globalisierte Verachtung kann zum Verlust des eigenen lebenswerten Wirkungskreises führen. Dann müssen Ersatzrealitäten gesucht oder geschaffen werden (z.B. in der Drogenszene, im Alkoholismus oder Ähnlichem).

Demgegenüber ist die Protestreaktion positiver zu werten, als Kampf um die Anerkennung eigener Würde.

Wie wir alle wissen, gehört zu den Aufgaben der pubertären Phase, sich eine eigene Meinung und Position in der Erwachsenenwelt aufzubauen. In der notwendigen Konfrontation der Generationen geht es nicht um die Frage, wer recht hat. Dafür gibt es meist tatsächlich keine Lösung. Es geht vielmehr um die Frage, wie ich meine Position kläre. Man kann den Jugendlichen die fehlende Lebenserfahrung nicht zum Vorwurf machen. Schwieriger wird es wohl bereits mit der Einsicht, dass unsere Lebenserfahrung ja auch immer nur eine - unter vielen Millionen anderer Lebensläufe - ist.

Intensive Beachtung kindlichen Tuns und eindeutige, klare Rückmeldung, was uns an seinem Verhalten gefällt und was uns stört, sind für das Kind jeden Alters wichtig.

✳ ✳ ✳

Wieso sind einige Jugendliche in der Lage, Probleme und Krisen selbst zu lösen und wieso gibt es welche, die an genau den gleichen Problemen scheitern? Warum gibt der eine Jugendliche auf und der andere nicht?

Diejenigen, die aufgeben, haben oftmals als Kind schon in ihren Familien erlebt, dass sie keinen Einfluss auf ihre Probleme haben (negatives Vorbild).

Bereits wenn sich eine Schwierigkeit anbahnt, geben sie meist schon auf. Sie haben in ihrer Erziehung gelernt, dass sie nichts verändern können und ihren Problemen hilflos ausgeliefert sind (Denken: Ursache – Wirkung). Das hat gesetzesgemäss eine sogenannte »erlernte Hilflosigkeit« zur Folge. Wenn das Problem gleichbedeutend mit einer Sackgasse ist, scheint nach meinen Beobachtungen eine ausschlaggebende Weiche falsch gestellt zu sein, im Gegensatz zu einem typischen Problemlöser/Gewinner.

Oder aber diesen Jugendlichen werden von ihren fürsorglichen Eltern sämtliche Probleme und Herausforderungen aus dem Erfahrungs-Weg geräumt, so dass sie keinerlei Chance haben, Eigenverantwortung für ihr Leben und ihre Entscheidungen zu übernehmen. Durch solches Fehlverhalten der Eltern wird eine Lebensuntauglichkeit und Schwäche bei den betroffenen Jugendlichen herangezüchtet. Dieses Handeln deutet auf falsches Liebesverständnis der Eltern hin.

Problemlöser sehen in jeder sich anbahnenden Schwierigkeit eine Chance, verschiedenste Strategien selbst auszuprobieren bis hin zur Problemlösung – Ziel erreicht! Diese Menschen sind durch die Problemlösung aus eigener Kraft zu Gewinnern geworden. Wenn das nicht motiviert! Sie schwimmen nicht in ihren Problemen, sondern sie lösen sie, egal wie!

Jugendliche neigen in ihrer pubertären Phase dazu, alles und jeden in Frage zu stellen, sie gehen den oftmals steinigen Weg zur Selbstfindung. Das Interesse am anderen Geschlecht bleibt dabei nicht aus. Wenn da nur nicht die andauernden Selbstzweifel wären. Diese sind natürlich auch bei der Lehrstellensuche, Jobsuche und Vorstellungsgesprächen zugegen: »Was, wenn der andere mich doof findet?«, »Was denkt der andere über mein Pickelgesicht?«,

»Was ist, wenn ich erröte, stottere oder Schwachsinn rede?«, »Ich habe bestimmt keine Chancen!«.

Zweifel über Zweifel ...! So höre ich ausserdem viele Jugendliche sagen:

- »Das kann ich nicht ...«
- »Ich weiss gar nicht, was ich machen soll ...«
- »Ich weiss mir nicht zu helfen ...«
- »Was soll ich bloss tun ...«

Wenn der Jugendliche so denkt, wird er recht behalten und keine Chancen bekommen, denn mit seinem Denken bestimmt er sein Handeln ... auch eine Form der sich selbsterfüllenden Prophezeiung ...!

Und dennoch werden gutgemeinte Ratschläge von aussen nicht angenommen, sondern in den Wind geschlagen.

Bei anderen Jugendlichen wiederum zeigen sich mir äusserst erfreuliche Verhaltensmuster: Diejenigen unter ihnen, die selbstbewusst, fast frech und ohne viel zu hinterfragen am meisten Erfolg haben sind die sogenannten Gewinner ... die Problemlöser ... die Draufgänger - gerade auch beim anderen Geschlecht. Schlussendlich ist alles eine Frage des Selbstwertgefühls.

Es erscheint mir unerlässlich, dass gerade den Kindern mit mangelndem Selbstwertgefühl sehr viel Zuversicht vermittelt wird. Zuversicht, dass sich Probleme verändern und dadurch lösbar werden oder dass Lebensumstände sich ändern und dadurch Situationen nicht ewig bestehen. Zuversicht und Hoffnung, dass Dinge sich zum Besseren wenden oder Zuversicht, aus dem

Teufelskreis der Negativ-Gedanken herauszukommen. Zuversicht, dass jederzeit Veränderung möglich ist und die Hoffnung, dass sie ihre eigenen Werte noch ausbauen und neue Werte entdecken können!

Liebe Leser/innen und Eltern, unseren Kindern Zuversicht und Hoffnung zu vermitteln gehört ebenso zu unserer Aufgabe und Pflicht, wie stets ein gutes Vorbild zu sein!

Wenn wir Unkraut säen, können wir keine Rosen erwarten!

* * *

Unser Sohn Zipf ist mit seinen 15 Jahren voll am pubertieren. Was mir als Mutter dabei auffällt, sind seine enormen Gefühlsausbrüche und Liebesbezeugungen an mich. So werde ich täglich, mal mehr, mal weniger, herzlich, oft fast schon schmerzhaft, von ihm umarmt und abgeküsst.

Dies nehme ich äusserst gerne als Wertschätzung wahr und geniesse es auch. Trotzdem würde es mir nie einfallen, eben diese zärtlichen Gesten nach aussen hin zur Schau zu stellen. Manche Mütter haben das Gefühl, sie müssten, für die Öffentlichkeit gut sichtbar, ihre Jungs mit Küssen bestrafen, um Aussenstehenden eine heile Eltern-Kind-Beziehung zu demonstrieren. Wie grauenhaft ...!

Dies ist meiner Meinung nach absolutes Blossstellen der intimsten Gefühle, und genau deshalb wollen Jugendliche, vor allem Jungs, von ihren Müttern in der Öffentlichkeit keinesfalls geherzt werden, sie empfinden es eher als Strafe.

Geradezu abscheulich wird es, wenn wir als Eltern von unseren Jugendlichen erwarten, die 96jährige Erbtante mit Mundgeruch bei der Begrüssung beinahe abzulecken (warum auch immer!). Dies grenzt an absoluten Missbrauch fremder Gefühle!

Ersparen wir unseren Kindern doch solche unangenehmen Handlungen, nur weil *wir* der Meinung sind, es müsse so sein!

Und noch etwas: Auch wenn sich unsere pubertierenden Kids uns gegenüber aufsässig und motzig benehmen, dürfen wir dennoch nie vergessen: Sie brauchen uns mehr denn je und haben unendlich viele unbeantwortete Fragen, verständlicherweise auch im unerfahrenen sexuellen Bereich. Manche Eltern tun sich auch heute noch schwer, wenn es um das Thema Aufklärung geht. Die Erklärung mit den Bienen ist veraltet, nicht aktuell und wird entsprechend überhört.

Wenn sich die Jugendlichen uns gegenüber verschliessen, liegt es an uns, mit unserer Aufmerksamkeit diese offenen Fragen zu erfühlen. Funktionieren »normale« Gespräche überhaupt nicht mehr, empfehle ich einen anderen Weg: Legen Sie den Kindern zum Beispiel das (uns altbekannte) Bravo-Heft oder vergleichbare andere Zeitschriften wie »Girl«, »Mädchen« o.ä. kommentarlos (!) ins Zimmer ... Lachen Sie jetzt nur über meine Ratschläge, aber gerade diese Jugendzeitschriften verfügen auch über eine lebenspraktische, humorvolle Seite ... und es ist immer noch besser so, als gar nicht! Aus diesen Jugendzeitschriften können zeitgemässe Antworten den Wissensdurst unserer Kids löschen und das mit Humor und ohne viel Gerede. Den Rest an ungeklärten Fragen können unsere Kids sicherlich bei Gleichaltrigen besser abdecken.

Emotionale Vergewaltigung bei Kindern

(Ein trauriges, aber wahres Beispiel)

Auf einem Kinder-Mentaltraining im Raum Stuttgart war ein etwa 14 Jahre altes Mädchen als Teilnehmerin. Eine Teilnehmerin von vielen ... und dennoch hat dieses Mädchen eine ganz besondere Geschichte:

Nach Schluss des Seminars, beim Essen also, sass besagtes Mädchen bei mir und meiner Co-Trainerin Christina am Tisch. Zufall? Für ein 14jähriges Girl sah dieses Mädchen eher sehr bieder aus, war aber durchaus aufgeweckt und aufgeschlossen. Sie beklagte sich von sich aus über ihr Äusseres und dass ihr aber für sich selbst kaum Zeit für eine eventuelle Veränderung bliebe. Wir dachten als erstes an möglichen Schulstress, aber Irrtum! Das Mädchen hatte noch zwei Geschwister und eine kränkliche Mutter. Diese kränkliche (aber bei Gott nicht todkranke) Mutter delegierte restlos alles an ihre 14jährige älteste Tochter. Neben Haushalt, Geschwisterbetreuung, Hausaufgabenüberwachung, Einkäufen, dadurch entstandenem eigenen Schulstress usw. musste also alles dieses Mädchen bewältigen, da die Mutter, wie bereits schon erklärt, kränkelte.

Das Mädchen hat im Laufe der Zeit und in ihrer Hilflosigkeit eindeutig die Opferlamm-Rolle übernommen und sich in ihr Schicksal ergeben ohne aufzumucken. »Ich kann doch meine kränkelnde Mutter nicht im Stich lassen, sie zählt doch auf mich, sonst geht es ihr gesundheitlich wieder schlechter.« So die ausgesprochenen Drohungen der Mutter an ihre Tochter ... Tatsache ist, dass diese »kränkelnde« Mutter einfachheitshalber ihre ganze eigene Verantwortung und ihre Probleme rücksichtslos auf ihre Tochter übertragen hat, obwohl dieses Mädchen erst 14 Jahre zählte ... und das im heutigen Zeitalter! Ein 14jähriges Mädchen sollte eigene Träume haben dürfen und nicht von einem auffressenden Pflichtgefühl der Familie gegenüber besessen sein.

Übrigens wurde nach unserem Gespräch dieses Mädchen von ihrer Mutter abgeholt ... und Christina und ich standen einer äusserst robusten, gutaussehenden und dominanten Frau gegenüber! Klar ausgedrückt: Das Verhalten dieser Mutter ist ein Verbrechen! Wie kann man ein Kind nur so derart missbrauchen?!

Was das Mädchen betrifft, haben Christina und ich ihr Ratschläge erteilt, wie sie sich von diesem psychischen Druck befreien und sich mit mentaler Hilfe auf die Abnabelung von ihrer Mutter vorbereiten kann. Wir haben ihr bewusst gemacht, dass sie ein Recht auf Freiheit hat und dass sie lernen muss, ihr Leben als erwachsener Mensch eigenbestimmt und losgelöst zu geniessen, um nicht als Folge einem Helfersyndrom oder einer Abhängigkeit ausgeliefert zu sein.

Gerne erwarten wir, dass dieses besagte Mädchen ihren eigenen Weg findet, um losgelöst ihre ureigensten

Lebenserfahrungen machen zu können, und der Mutter wünschen wir, dass sie endlich aufwacht!

Nichts ist schlimmer, als in Routine und Gewohnheit zu verfallen.

Glucken-Mütter sind Spielverderber

Nun ja, was könnte dies nun schon wieder bedeuten: Glucken-Mütter?

Ich bezeichne diejenigen Mütter als »Glucken«, die das ungebrochene Gefühl haben, alles und jeden mit ihren Fittichen beschützen bzw. bevormunden zu müssen. Freiheit ade, für diejenigen, die sich unter diesen Fittichen befinden (Kinder bevorzugt, da gut manipulierbar und folgsam)!

Ätzend! Genau diese Art von Müttern erlauben es sich, das Leben, die Zukunft ihrer Kinder zu bestimmen und zu formen. Wie schrecklich, da gibt es kaum ein Entrinnen! Genau diese Mütter sorgen unentwegt dafür, dass ihren Kindern nichts in den Weg gelegt wird (kann ich gerade noch verstehen), dass ihre Kinder niemals Niederlagen erleben dürfen (finde ich grauenhaft), dass ihre Kinder vor allem und jedem beschützt werden (mir kommt das grosse Würgen) und allem voraus: Immerzu wissen diese Mütter (manchmal bis ins hohe Alter der Kinder), welches die beste Zukunft, der beste Weg für ihr Kind ist usw.

Mag ja sein, dass gerade diese Mütter ihre eigenen Zukunfts- und Lebensziele verfehlt haben, aber wenigstens ihren Kindern soll es einmal besser gehen?! Jeder Mensch, auch jedes Kind ist ein Individuum, und genau deshalb soll und kann ein jeder einzelne auch nur für sich selbst bestimmen und entscheiden.

Glucken-Mütter haben diesbezüglich eine andere Meinung:

- »Ich weiss doch wohl am besten, was gut für mein Kind ist ...«
- »Ich habe schliesslich auch meine Erfahrungen gemacht ...«
- »Ich meine es ja nur gut ...«

Ich selbst bin Gott sei Dank keine Glucken-Mutter. Hier meine Gedanken dazu:

- Wir als Erziehende sollten unsere eigenen Erfahrungen unseren Kindern unbedingt weitergeben, aber keinesfalls aufzwingen.
- Wir als Erziehende sollten sachte führen, aber niemals den Willen brechen.
- Wir als Erziehende sollten es als unsere Pflicht erkennen, unsere Kinder auf ihrem selbstbestimmten Weg zu unterstützen und zu motivieren.
- Wir als Erziehende sollten lediglich Möglichkeiten aufzeigen (Vor- und Nachteile).

Wie kommt es, dass während der Kinder-Mentaltrainings immer wieder folgende Frage gestellt wird: »Ist es zum Wohle aller, wenn ich ein Ziel ganz speziell nur für mich programmiere?« Oder: »Sollten nicht nur nützliche Ziele wie Schule, Sport, Familie usw. programmiert werden?« Diese Fragen aus dem Munde eines Kindes erschüttern mich immer wieder aufs neue!

Die Schule generell wird erfahrungsgemäss heutzutage oft überbewertet und löst dadurch bei den Kindern zusätzlichen, unnötigen Stress aus. Muss nicht sein! Klar, die Schule ist unumgänglich und für die Allgemeinbildung sicherlich von Nutzen, aber wie steht es um die Persönlichkeitsschulung? Wo bleibt dabei die Schulung des Selbstwertgefühls?

- ❍ Wer zeigt mir auf, wie ich mich als Kind selbst und immerzu aufs neue motivieren kann?
- ❍ Wer zeigt mir als Kind auf, was für ein Lerntyp ich bin?
- ❍ Wer lehrt mich, wie wichtig Ziele und deren Erreichung im Leben sind?
- ❍ Wer bestärkt mich als Kind, dass ich alles erreichen kann und dass ich genial bin?

Bis zum heutigen Tage habe ich noch nie gehört, dass gerade diese wichtigen Aspekte in der staatlichen Schule berücksichtigt werden. Leider! Also bleibt wieder mal alles an uns Erziehenden hängen, d.h. Erziehung durch Vorbild, Liebe und Unterstützung! Wir als Eltern sind verpflichtet, unseren Kindern eine gute Grundlage mit auf den Lebensweg zu geben.

Welche bleibenden Schäden tragen unsere Kinder davon, wenn die Eltern Alkoholiker, Pessimisten, arbeitslos und verschuldet sind? Traurig, aber wahr: Auch diese Eltern dienen ihren Kindern als Vorbild ...

Dramatisch: Überritualisierung

Ein Beispiel:

Vor etwa 14 Jahren hatten wir an einem hochsommerlichen Tag Besuch von einem jungen Elternpaar mit ihrem kleinen Sohn - nennen wir ihn hier Fritzli. Unser Sohn, genannt Zipf, war seinerzeit etwa ein Jahr alt, also ungefähr gleich alt wie Fritzli. Da es wirklich bullig heiss war, hatten wir unserem Sohn Zipf nur die Windel angelassen, ansonsten war er nackt, und er fühlte sich pudelwohl dabei. Ich habe dieser jungen Mutter geraten, auch Fritzli von seinen Klamotten zu befreien, was sie dann auch umgehend tat.

Leider konnte kein vernünftiges Gespräch entstehen, weil diese Eltern unentwegt auf die Uhr blickten, um ja nicht den Zeitpunkt zu verpassen, dem Fritzli seinen Früchtequark zu verabreichen, obwohl der gar nicht danach verlangte. Alles drehte sich um diesen Früchtequark, ob er wohl nicht doch zu kalt sei, das sei ungesund und bla ... bla ... bla ...! Für unsere Begriffe ein nicht enden wollendes hin und her, dabei wurde das Wortgeplänkel der Eltern immer hitziger.

Endlich war der bestimmte Zeitpunkt gekommen. Fritzli verlangte nach wie vor keinen Quark, aber er wurde ihm schonungslos reingewürgt, weil er täglich zur gleichen Zeit seinen Quark bekäme - so auch heute!

Das schärfste an der Geschichte jedoch kommt erst: Dem Fritzli wurde ein Esslätzchen umgebunden! Wohlverstanden, einem nackten Kind! Wenn ein Esslätzchen umgebunden wird, damit die Kleider sauber bleiben, habe ich ja noch Verständnis, aber ist dies auch wirklich nötig bei einem nackten Kind?! Fritzli reagierte intuitiv richtig, weil er sich brüllend dagegen wehrte, aber es nützte ihm nichts, weil seine Eltern gewohnt waren, immer ein Lätzchen umzubinden ...!

Diese übertriebene, aber wahre Geschichte zeigt uns hier, was man alles (vielleicht aus Gewohnheit) überritualisieren kann. Verstehen Sie mich bitte richtig: Rituale an sich sind sehr wertvoll und wichtig, sofern sie Nutzen und Freude bringen ...!

Wenn ein Kind gegessen hat, muss es schlafen!? Fritzli aber wollte weiterspielen, im Wasser herumplanschen und zeigte absolut keine Anzeichen von Müdigkeit. Ich gab vorsichtig zu bedenken, dass, wenn Fritzli unbedingt ins Bett müsse, sie ihn in Zipfs Babybett legen könnten. Nein! Sie hatten Fritzlis Reisebett mitgenommen, und darin sollte er auch schlafen, nur da könne er auch wirklich schlafen, weil er es nur so kenne. Also zog der Vater los zum Auto, Reisebett herauszerren, eine Etage höher in unserem Schlafzimmer wird dieses komplizierte Exemplar mit viel Tamtam in einer etwa halbstündigen Ewigkeit (zu Gunsten Fritzlis!) aufgebaut und wartete nun auf seinen Benutzer ... Ergebnis: Fritzli schrie aus vollem Rohr, da er einfach noch nicht müde war und liebend gerne mit Zipf weitergespielt hätte.

Wir hatten vollstes Verständnis für das Gebrüll von Fritzli, aber sämtliche Apelle von uns wurden von den Eltern in den Wind geschlagen, sie waren erbarmungslos und fühlten sich zudem noch stark:

- »Er muss wissen, wer das Sagen hat!«
- »Er muss folgen!«
- »Er muss schlafen, wenn wir es sagen!«
- »Er muss wissen, wo die Grenzen sind, sonst ...!«

Muss Fritzli das wirklich?

Der weitere Verlauf dieser bizarren Geschichte spielte sich folgendermassen ab: Fritzli schrie zwei volle Stunden lang, sein Kopf war feurig rot und geschwollen. Die Nerven der Eltern (und mittlerweile auch unsere) waren bis aufs äusserste strapaziert. Nach diesen zwei nervenaufreibenden Stunden schlief Fritzli völlig überhitzt und erschöpft ein. Es kam nun, was folgerichtig kommen musste: Nach etwa einer weiteren halben Stunde war nun doch die Zeit des Aufbruchs gekommen, meinten unsere Gäste ... Fritzli wurde aus seinem Tiefschlaf gerissen ... Gebrüll ... das Reisebett wieder eingepackt ... und tschüs!

Sorry, aber diese Form der Überritualisierung grenzt für mich schon an Perversion! Jahre danach, ich weiss nicht mehr wann, haben wir von Bekannten erfahren, dass Fritzli schwerhörig ist ...! Kann es sein, dass Fritzli sich taub stellt, das sinnlose Gerede seiner Eltern unbewusst nicht mehr hören kann? Darüber sollten wir vielleicht einmal nachdenken!

Liebe Leser/innen, es ist mir ein unwahrscheinliches Bedürfnis, Ihnen meine Gefühle zu dieser Geschichte mitzuteilen: Es ist laufend und alle paar Zeilen wieder vorgekommen, dass ich diese Story streichen wollte, weil mir einfach übel war. Ich habe mich mit keinem Abschnitt in diesem Buch so schwer getan, wie bei Fritzlis Geschichte. Diese beschriebenen und erlebten Tatsachen sind mir derart zuwider, dass ich mich von aussen immer wieder zum Weiterschreiben motivieren lassen musste, mit dem ausschlaggebenden Hinweis, es sei wichtig für die Leser/innen meines Buches.

Durch das Lesen solcher krassen Beispiele würde bewusst gemacht, dass man eigene Handlungen und Vorgehensweisen wieder einmal überprüfen sollte, da wir als Kinder vielleicht auch solchen Konditionierungen (durch unsere Eltern) ausgesetzt waren. Wir hätten die Chance, es bei unseren Kindern wieder gutzumachen ...

Es kommt auch nicht von ungefähr, dass wir auf unseren Mentaltrainings immer wieder von verzweifelten Eltern gefragt werden, was sie tun könnten, damit ihre Kinder am Morgen etwas länger schlafen. Logischerweise stellen wir umgehend die passende Gegenfrage, nämlich: »Wann bringen Sie ihr Kind denn abends ins Bett?« Die Antwort ist immer dieselbe: »Ja, so um 19 Uhr müssen die Kinder schon im Bett sein, wir wollen ja auch mal in Ruhe fernsehen ...« usw.

Um 19 Uhr ist es im Sommer noch taghell (auch in Deutschland!), mir persönlich würde es schön stinken, wenn ich dann schon ins Bett müsste, und deshalb müssen es auch unsere Kinder nicht! Wir lieben sie nämlich und möchten die wunderschönen Abende gemeinsam verbringen und nicht sinnlos in die Glotze starren ...! Unsere Kinder bestimmen selbst (!), wann sie zu Bett gehen. Glauben Sie mir, Kinder sind nicht zu dumm, um selbst zu merken (zu erfahren), wenn sie zuwenig Schlaf haben. Bei unseren Kindern regelt sich das immer von selbst und zwar mit Erfolg!

Wie schon erwähnt, sitzen wir abends zusammen, quatschen, albern herum, spielen, oder jeder geht eben seinen eigenen Bedürfnissen nach - völlig ungezwungen. Zum Beispiel schreibe ich wieder an einem neuen Buch und lese zwischendurch vor, anschliessend wird vielleicht der Text diskutiert oder korrigiert. Mein Mann Andreas liest oder verrichtet anfallende Büroarbeiten, Michèle, unsere älteste Tochter (23 J.), macht irgendetwas Ver-rücktes, Zipf, unser erstgeborener Sohn (15 J.), spielt am Computer (wann immer möglich im Garten) oder mit der jüngsten Tochter Kiki (9 J.) das Pokémon-Karten-Spiel, wenn Kiki nicht gerade an ihrem Tagebuch schreibt, und Angelo, unser jüngstes Familienmitglied (10 Mte.) krabbelt zwischen der Familie herum und macht seine ersten Gehversuche. Oder aber wir packen uns alle ins Auto, fahren zum nächsten China-Restaurant und geniessen eine richtige Fressorgie.

Angelo ist immer mit dabei, und die Uhrzeit spielt bei uns nie eine Rolle! Bei uns funktionieren diese Möglichkeiten vorbildlich, viele Freunde von uns bestätigen das gerne! Wir sind bemüht, unseren Kindern Selbständigkeit und Familiensinn schmackhaft zu machen und auch Eigenverantwortung zu übernehmen.

Wenn wir ständig vor der Glotze rumhängen würden, würde auch bei uns diese wertvolle Art der Kommunikation absterben, glauben Sie mir! Da bei uns in der Familie jeder für voll genommen wird und jeder frei entscheiden kann, harmonieren wir vorbildlich. Bei uns gilt kein Fernsehverbot - wer will, kann! Alles was verboten wird, ist umso reizvoller (fragen Sie Eva), aber auch hier zählt einzig und allein das Vorbild. Wenn wir Erwachsenen stundenlang und mit glasigen Augen vor der Flimmerkiste sitzen, was können wir dann anderes von unseren Kindern erwarten? Es ist ein Irrtum zu glauben, Erwachsene hätten mehr Rechte als Kinder!

Natürlich ist für Eltern, die von Geburt an ihre Kinder frei erziehen, alles viel leichter und einfacher. Die Kinder später umzuerziehen bedarf sehr viel Geduld, aber es lohnt sich allemal! Für unsere Kinder sollte uns keine Einsicht und Veränderung zu viel sein!

Bleib wie Du bist, und ändere Dich täglich!

Ein anderes Beispiel der Überritualisierung

Überritualisierung von Spiritualität oder Selbstverwirklichung kann verheerende Folgen haben. Darunter verstehe ich, dass diejenigen unter uns, die auf der Suche nach dem tieferen Sinn des Lebens sind, auf dem Weg nach »oben« in die Vergeistigung/Selbstverwirklichung immer mehr abdriften und der Realität entschwinden.

Sicherlich ist es für jeden empfehlenswert, sich mit seiner Spiritualität auseinanderzusetzen, aber eben in einem vernünftigen Rahmen. Die Gefahr des Abdriftens besteht nur dann, wenn wir uns nur noch mit geistigen Themen beschäftigen. In der geistigen Welt ist alles harmonisch, lichtvoll und voller Liebe. Da kann es schon passieren, dass wir, wenn wir unser Leben hier in dieser Realität nicht so im Griff haben, dazu neigen, eben in die geistige Welt zu flüchten. Das ist nun jedermanns eigene Entscheidung, doch wenn wir zu Hause noch einen Partner und Kinder haben, ist diese Entscheidung sehr egoistisch und unverantwortlich.

Die »Abgehobenen« unter uns, die diesem Weg zur Vergeistigung/Selbstverwirklichung verfallen sind, sehen nur noch die »gewinnbringenden« Meditationen, Heilungen, Lichtwesen und stehen somit mit beiden Beinen in der Luft.

Wir können nicht unsere Ehepartner, Kinder und unsere alltäglichen Verpflichtungen vernachlässigen, nur um unsere Spiritualität auszuleben. Das hätten wir uns vor dem Eheversprechen und dem Kinderzeugen überlegen müssen. Es gibt wirklich nichts daran auszusetzen, wenn wir uns »im Rahmen« mit unserer geistigen Welt auseinandersetzen, aber es sollte zum Wohle aller sein, d.h., es sollte keinem irgendwelchen Schaden zufügen.

Am besten ist immer, wenn wir alles unter einen Hut bekommen, was soviel heisst wie »sowohl als auch«. Wenn es uns gelingt, unsere Realität, unser Leben hier in dieser Welt mit einer Prise »Selbstverwirklichung« zu würzen, dann können wir davon ausgehen, dass wir ein reicherfülltes, zufriedenes Leben geniessen dürfen.

Wir hätten also alles im Griff, nicht wie ein »Abgehobener«, welcher immer wieder durch harte Rückschläge auf den Boden der Realität zurückgeholt wird.

Wir sind nicht umsonst in diese Realität, in diese Welt geboren worden, müssten wir uns nicht mit der Materie im Hier und Jetzt auseinandersetzen.

Die wohl bekannteste Theorie darüber, wie Bedürfnisse zusammenhängen, dürfte von dem Amerikaner Maslow stammen. Er behauptet, dass bestimmte Bedürfnisse erst entstehen, wenn andere Bedürfnisse befriedigt sind. Auf diese Weise ergibt sich eine interessante Hierarchie der Bedürfnisse: »Höhere« Bedürfnisse entstehen demnach erst, wenn »niedrigere« befriedigt sind.

Die nachfolgende Skizze der Maslowschen Pyramide verdeutlicht die Theorie bildhaft gut:

Stufe 5	Selbstverwirklichung
Stufe 4	Anerkennung, Selbstachtung, Ruf, Status, Prestige, Respekt
Stufe 3	mitmenschliche Zuwendung, Kontakt, Gruppenzugehörigkeit, Freundschaft, Geselligkeit
Stufe 2	Sicherheit, Gesundheit, Kündigungsschutz. Altersvorsorge, Gerechtigkeit
Stufe 1	Grundbedürfnisse: Essen, Trinken, Wohnen, Schlafen, Kleidung, Sex

Maslowsche Pyramide

Wir starten also jeweils bei der ersten Stufe. Ist diese Stufe mit den damit verbundenen Erfahrungen erreicht, dann können wir zur zweiten Stufe gelangen. Ist diese mit den damit verbundenen Erfahrungen erreicht, kann Übertritt in Stufe 3 erfolgen usw., bis wir bei der höchsten Stufe, unserem Lebensziel der Selbstverwirklichung, bei Stufe 5, angelangt sind. Wir können also keine dieser Stufen überspringen, um schneller bei der fünften Stufe zu sein.

Bei denjenigen, die sich nicht an diese Theorie halten und eine dieser Stufen (auch unbewusst) überspringen wollen, wird durch äussere Umstände dafür gesorgt, dass ihre Lebenspyramide absackt. Wir werden also wieder auf den Boden der Realität zurückgeholt, meist durch Rückschläge irgendeiner Form. Diese Rückschläge sind eigens dafür da, uns zu zeigen, wo wir uns eigentlich befinden oder wo wir hingehören.

Stellen wir uns doch einmal die interessante Frage: »In welcher Bedürfnislage (auf welcher Stufe der Pyramide) befinden wir uns eigentlich?«

FAZIT: Der beste Weg zur Selbsterkenntnis ist immer noch, nach unserer MITTE zu suchen (sowohl als auch).

Ich wünsche Ihnen viel Spass und Freude auf Ihrem Spaziergang zu Ihrer MITTE!

* * *

Und über noch etwas sollten wir nachdenken: In den vergangenen 20 Jahren wurde unsere Sprache völlig enttabuisiert, das heisst, heute werden in sogenannter »ernsthafter Literatur«, im Fernsehen und im Radio Worte aus der Fäkalsprache sowie Flüche aller Art und die ordinärsten Begriffe aus dem Sexualbereich verwendet.

Wir gehen davon aus, dass die Sprache die Basis jeder Kultur ist und dass vieles, was unseren Eltern noch hoch und heilig war, wie etwa die Begriffe »Heimat«, »Familie«, »Moral« und »Redlichkeit«, nicht mehr den absoluten Stellenwert von einst einnimmt. Eigentlich schade. Und während man früher bemüht war, gewisse sexuelle Veranlagungen zu verstecken, macht man heute geradezu einen Sport daraus, sie in den Medien hochzujubeln. Auch gehören Mord und Sex zu den Nachtprogrammen der Glotze, die von jedermann so konsumiert werden können, wie einst Karl Mays braver Winnetou.

Nun muss man sich natürlich fragen, ob das alles wirklich nur negativ ist, wie es viele ab und zu darstellen. Sicher hat die Menschheit seit jeher all das getan, worüber man heute offen spricht. Sie haben sich (früher noch mehr als heute) die Schädel eingeschlagen, den Dolch in den

Rücken gerammt, gelogen, gestohlen und über den sogenannten Zaun gefressen. Der feine Bürger hielt dennoch den heuchlerischen Mantel des Schweigens über alles, glorifizierte den kriegerischen Massenmord, pflegte bei alldem aber eine vornehme Sprache ... und ging dafür fremd.

Gewiss, diese Veränderung der Sprache führte unweigerlich zu Konflikten zwischen den Generationen. Auch haben englische und »amerikanisierte« Worte längst viele altvertraute Bezeichnungen aus dem Dialekt verdrängt: Ein Wiener Würstchen mutierte zum Hot Dog, ein Kiosk zum Take Away ...! Aber was soll's. Der Fehler liegt bestimmt nicht bei denen, die sich der Sprache bedienen, also den Jungen. Denn es ist die ihre. Es ist die Sprache ihrer Zeit, die sich jede Kultur neu erschaffen muss.

Jede neue Zeit zerstört alte Tabus. Wenn wir (oder unsere Eltern) dabei nicht mehr mithalten können, so ist das unser Problem und nicht das unserer Jungen. Unsere Generation hat das Auto und das Flugzeug so entwickelt, dass sie von allen genützt werden können. Sie hat uns Frauen in die Politik gebracht und uns dafür den Staubsauger, den Kühlschrank, die Waschmaschine und den Geschirrspüler ins Heim gestellt. Damit haben wir doch schon einiges geleistet.

Trotzdem dankt die junge Generation uns nicht dafür, sondern wird alles viel besser, ausgefeilter machen und dabei Cyberspace und das Weltall erobern. Und das mit Recht. Sie wird sich mit ihren Problemen herumschlagen müssen, und wenn sie dabei mit offenerem Visier kämpft und die Dinge beim Namen nennt, so ist dies eindeutig moralischer als die noch von unseren Vätern und Müttern so oft bemühte »christliche Moral«, ein Motto, unter dem sich auch die schlimmsten Taten verschweigen liessen.

Also, bleiben wir »cool«, wenn brüchig gewordene Tabus fallen!

Allerdings, eines wäre den jungen Sprachschöpfern eindringlich ans Herz gelegt: Sie sollten die Sprache des gegenseitigen Respekts und Anstands und vor allem die schönen, alten und doch modern geliebenen Worte »BITTE« und »DANKE« niemals vergessen. Eine solche Sprache wird ewig Gültigkeit haben!

Über der Türe eines Klassensaals an der Gutenberg-Schule in Eberstadt stehen folgende Worte:

Zwei Schlüssel öffnen Dir jedes Herz,
zwei niedliche kleine, blanke,
gib acht, dass Du sie nicht verlierst
sie heissen BITTE und DANKE.

Um den Gehalt dieser Worte zu unterstreichen, haben sich sämtliche Schüler mit ihrer Unterschrift darauf verewigt.

Kapitel III : Wege aus dem Hausfrauen-Dasein

Hausfrauen wacht auf, es gibt noch viel (für Euch selbst) zu tun!

Ich werde ein eigenes freudiges Erlebnis niederschreiben, um anschliessend in das oben erwähnte Thema Hausfrauen einzusteigen.

Am 1.April 2000 feierte mein Ehemann Andreas, mein Liebhaber und Vater meiner Kinder, sein 50. Lebensjahr. Also nahm ich dies zum Anlass, für ihn ein gewaltiges Fest zu organisieren. Es ist doch so: Einem wertvollen Menschen gebührt eine wertvolle und unvergessliche Feier!

Sie müssen dazu wissen, mein Lebensgefährte lebt eher zurückgezogen, besinnlich und am liebsten einfach nur innerhalb seiner Familie, dann ist er glücklich.

Also organisierte ich zum ersten Mal, mit meiner Tochter Michèle, in Eigenregie eine Riesenfeier hinter dem Rücken meines Mannes. Um das ganze noch ein bisschen aufzupeppen, mietete ich die Niklaus-Kapelle im Basler Münster, um unseren jüngsten Sohn Angelo an diesem wichtigen Tag gleich noch taufen zu lassen. So würde dieser Tag ein Fest für den Ältesten und den Jüngsten der Familie sein, und dazu brauchte ich umgehend einen Pfarrer. Nicht irgendeinen nullachtfünfzehn-Pfarrer, sondern einen, der zu uns passt, einen, der sich von anderen abhebt, den besten. Da kam auch nur einer in Frage und zwar ein ganz hipper Pfarrer, einer aus unserem Teilnehmerkreis, von dem ich wusste, dass er ein genialer Rhetoriker ist und bei meinem Mann ein hohes Ansehen geniesst. Auch die musikalische Untermalung zur Taufe sollte etwas Besonderes sein, also musste ein weitbekannter Beherrscher der klassischen Gitarre her (ebenfalls ein ehemaliger Teilnehmer von uns). Alle Angefragten stimmten hocherfreut zu.

Ich hatte hundert Gäste aus nah und fern eingeladen. Meinem Mann sagte ich etwas von einer kleinen Feier mit Taufe, damit er nicht ganz unvorbereitet war!

Eines Tages fragte mich mein Mann, was er denn am 1. April anziehen solle, da er ja nicht wisse, was an dieser Feier abgehe, oder ob ich nicht noch überraschenderweise eine »Hochzeit in Weiss« geplant hätte?

Dazu muss ich folgendes erklären: Wir hatten vor 15 Jahren nur standesamtlich geheiratet und wollten die Feier (»Hochzeit in Weiss«) zu einem späteren Zeitpunkt nachholen. Daran hatte ich mich im Moment des Organisierens gar nicht mehr erinnert. Entsprechend überrascht war ich und erklärte ihm kurz den Ablauf der »kleinen« Feier und der geplanten Taufe. Aber in meinem Kopf war der Gedanke »Hochzeit in Weiss« von nun an fest verankert und liess mich nicht mehr los.

Erneut kontaktierte ich Kapelle, Pfarrer und den Gitarristen, um von der Neuigkeit zu berichten, wiederum waren alle begeistert und terminlich war sowieso schon alles gebongt. Ein Traum von einem Brautkleid wartete im Fachgeschäft bereits auf mich, es passte wie angegossen, war von schlichter Schönheit, schulterfrei, bodenlang und perlenbestickt. Ich kaufte es gleich, denn in nur zwei Wochen sollte alles über die Bühne gehen.

Meinem Mann musste ich natürlich von der Hochzeit erzählen, immerhin fand unsere Trauung statt - er nahm es mit einem freudigen Lächeln zur Kenntnis. Wir vereinbarten, niemandem etwas davon zu verraten, es sollte eine Überraschung werden.

Alles in allem war das Fest gigantisch und unvergesslich schön ... die Überraschung mit der Hochzeit war wirklich gelungen und sollte auch einigen Pärchen Gelegenheit geben, über ihre eigene Beziehung einmal nachzudenken. Durch die Trauung hat sich auch nicht alles nur auf meinen Mann konzentriert, das Ganze wurde dadurch etwas entschärft, und so konnte er sich wirklich über die ganze Gästeschar ehrlich freuen und fühlte sich geehrt. Diese Feier hat ihm wirklich sehr viel Spass gemacht, und er hatte dabei nie das Gefühl, erdrückt zu werden.

Wer unter den geschätzten Leser/innen ebenfalls ein solches Fest nachzuholen hat, sollte dies unbedingt tun. Das königliche Gefühl einer Braut kann ich mit Worten nicht beschreiben, es war himmlisch ... die Schmetterlinge in meinem Bauch spielten verrückt. Wann immer sich die Gelegenheit ergeben wird, sei dies in Asien oder in Amerika, werden wir die Hochzeitszeremonie nochmals und nochmals wiederholen, weil es unserer Beziehung gut tut und als Zeichen gegenseitiger Wertschätzung. Wir tun alles Mögliche, um unserer Beziehung Gutes zu tun und das mit Freude.

Ich erzähle Ihnen diese Geschichte, weil es in meinem Leben Zeiten gab, da konnte ich aus misslich-finanziellen Gründen nicht einmal daran denken, als geladener Gast an einem solch gewaltigen Fest teilzunehmen (kein Geschenk/keine Klamotten)! Damit will ich Ihnen, liebe Leser/innen, aufzeigen, wie sich die Zeiten ändern können, nur muss man auch bereit und offen sein wollen, etwas dafür zu tun und nicht in alten Gewohnheiten und negativen Gedanken verharren. So ändern wir bestimmt nichts an unserer schlechten Situation. Sie sollten sich immer wieder neue Ziele setzen und bereit für neue Veränderungen sein, dann klappt es auch bei Ihnen. Das Universum hält für uns alle täglich neue Herausforderungen in allen nur möglichen Bereichen bereit, wir müssen sie nur erkennen und zugreifen.

Verantwortlich ist man nicht nur für das, was man tut, sondern vor allem auch für das, was man nicht tut.

* * *

Was hat das Ganze nun mit dem normal-bürgerlichen Hausfrauen-Dasein zu tun?

Das Hausfrauen-Dasein ist einfach unbefriedigend und frustrierend in jeder Hinsicht. Ich kenne das unerfüllte Gefühl jenes Daseins sehr gut aus der Zeit meiner ersten Ehe. Damals war ich zwar noch sehr jung, aber Gefühle und Empfindungen zeigen sich bekannterweise in jedem

Alter. Heute bin ich etwas älter, reifer auch und weiss glücklicherweise um die befriedigende Veränderung!

Nur ich selbst kann diesbezüglich eine Veränderung herbeiführen oder aber in meinem schlechten/unerfüllten Gefühl gefangen sein.

Übrigens, diese Art von Gefangenschaft ist schlafraubend und kann mitunter auch unerwünschte Depressionen hervorrufen, so sind wir gleich zweimal bestraft.

Die Haushaltsarbeit ist in sich immer wiederholend und somit überaus monoton, langweilig und undankbar.

Zum Vergleich:

Ein Bauarbeiter verrichtet seine Arbeit, indem er beispielsweise ein Haus erbaut. Wenn das Haus steht, freut er sich über das Ergebnis, er bewundert sein Werk. Jetzt taucht ein anderer auf und walzt alles bodeneben nieder, und dabei erteilt er unserem Bauarbeiter gleich den Auftrag, alles wieder aufzubauen, so wie es war. Dies wiederholt sich über Jahre hinweg ...! Nun, wer dreht bei diesem Gedanken nicht durch?

Die Haushaltsarbeit ist wichtig und unerlässlich, wenn wir uns zu Hause wohlfühlen wollen. Tatsache ist: Die Haushaltsarbeit ist eine Arbeit, die man nur dann sieht, wenn sie nicht gemacht wird ...! Ist dies nicht frustrierend? Der Kreis schliesst sich, wenn die frustrierten Hausfrauen sich regelmäßig, vor oder nach dem Einkauf, immer im gleichen Café und zur gleichen Zeit mit Gleichgesinnten treffen und über dieses und jenes lästern (Ursache-Wirkung/Teufelskreis). Dort im Café finden sie endlich jemanden, der dieselbe Problematik des Unzufriedenseins erlebt - ein Trost -, und es entsteht etwas wie eine Sucht, man trifft sich täglich und hört immer dasselbe ...!

Wehe aber, es gelingt einer der Hausfrauen aus diesem Kreis auszubrechen (z.B. durch Partnerwechsel/neue Arbeitsstelle oder sonstiges). Dann wird über sie hergezogen, wohlverstanden aus Neidgefühlen heraus.

Ist es nicht so, dass wir, solange wir von den anderen in unserem Elend bestätigt werden, kaum etwas an unserer Situation ändern? Nein, wir lechzen geradezu nach Bestätigungen, selbst wenn sie uns tiefer und tiefer herunterziehen, ist das nicht schizophren? Und wenn wir etwas verändern wollen, so ist dies immer mit mehr Arbeit (Gedankenkontrolle/Veränderung) verbunden ... wer will schon mehr Arbeit? Nein! Lieber klagen und jammern wir weiter, und die anderen helfen uns ja so gerne dabei!

FAZIT: Je mehr Energie (Aufmerksamkeit/Gedanken) ich in ein Problem gebe, umso grösser wird sie, weil ich sie immer wieder aufs neue nähre (Ursache - Wirkung).

Ausser Ärger und Frust bringt uns unser Negativ-Denken immer weiter an den Abgrund, und so warten wir vergeblich weiter und weiter und hoffen und hoffen immerzu auf Hilfe von aussen, vergeblich, weil da nie und nimmer etwas kommen wird. Ausser wir sind bereit umzudenken: Nehmen wir uns ab heute vor, nur noch in Lösungen zu denken? Wenn wir in Lösungen denken, geben wir automatisch Energie ins Positive, das Universum wird auf unserer Seite sein und gesetzesgemäss für eine positive Lösung sorgen! So einfach ist das mit dem Umdenken, meine

Damen und Herren, aber tun muss man es, immer und zu jeder Zeit und zwar selbst.

Ich selbst habe mich durch mein Denken in diese Situation gebracht, und nur ich selbst kann mich auch wieder herausbringen.

Schauen wir uns doch einmal um. Es gibt sie, die erfolgreichen und zufriedenen Menschen! Sie sind unter uns, aber Vorsicht: Diese Art von Menschen sind nie schlecht gelaunt, zynisch oder gar neidisch. Nein, sie strotzen nur so von Positivität, Fairness, Mitgefühl, Gesundheit, Reichtum und Zufriedenheit. Diese Menschen befinden sich eindeutig im Glücksrad (Gegenteil von Teufelskreis) und würden es nie wagen, auch nur einen schlechten Gedanken zu denken, im Gegenteil: Sie sind dankbar für alles!

Tun Sie sich selbst etwas Gutes – denken Sie ab heute positiv.

* * *

Nachfolgend eine Story über eine beispielhafte und lobenswerte Veränderung im Leben meiner Freundin Doris (bekannt auch aus meinem ersten Buch):

Doris ist 39 Jahre alt, verheiratet, Mutter von drei reizenden Kindern und von Beruf Hausfrau und Bäuerin. Wer Kinder hat oder wer Bäuerin ist, weiss, wieviel Arbeit damit verbunden ist. Doris wohnt mit ihrer Familie und den Schwiegereltern im drittältesten Bauernhaus hier in unserem Dorf. Der Ehemann von Doris hat etwa 20 Kühe nebst

Kälbern im Stall stehen, welche neben allen anderen anfallenden Arbeiten, wie Mähen, Heuen, Dreschen usw,. auch noch versorgt werden wollen.Also sehr viel Arbeit, zum Teil auch schwere körperliche Arbeiten - auch für meine Freundin Doris. Sie beklagt sich nie darüber, was für mich ein Zeichen ist, dass sie es gern macht. Neben der täglichen Hausfrauenarbeit macht sie auch noch Besorgungen für ihre Schwiegermutter, mäht regelmässig den Rasen in Mutters Garten, betreut hin und wieder ihre hirnverletzte Schwester oder macht für sie Fahrdienste zu Ärzten. Und wie schon in meinem ersten Buch erwähnt: Sie ist auch immer für uns da, wenn wir sie mal brauchen (auch wenn wir sie nicht brauchen)!

Kurz zusammengefasst, Doris ist voll ausgelastet.

Der Bauernbetrieb ist äusserst modern gehalten und verfügt sogar über eine Internet-Adresse. Trotz alledem hatte Doris hin und wieder einen Durchhänger, war irgendwie unzufrieden mit sich selbst. Dann besuchte sie mich und liess ihren Frust raus. Irgendwo, in irgendeinem Bereich ihres Lebens, war sie doch unerfüllt, trotz der vielen Arbeit. Für mich stand eindeutig fest: Doris machte zu wenig für sich selbst, für ihr Ego, und das erklärte ich ihr immer wieder hartnäckig, was sie wiederum mit einem nachdenklichen Kopfnicken quittierte. Nur, was sollte sie tun?

Ich erklärte ihr, dass es gut wäre, einen Dienst für Frauen anzubieten, der allen Nutzen und Freude bringe. Das Finanzielle regele sich dann von alleine.

Aufkeimende Zweifel bei Doris: »Kann ich denn das?«, »Wer bin ich schon?«, »Ich als Geschäftsfrau?«.

Ich machte ihr immer wieder bewusst, was für ein wertvoller Mensch sie ist, was für eine tolle Ausstrahlung sie hat, wie humorvoll sie sein kann ... Viele positive Seiten, von denen ein mancher nur träumen kann! Motivation ist alles, auch in diesem Fall!

Wenn ich aus Mangel an Selbstbewusstsein/Selbstwertgefühl selbst nicht in der Lage bin, mich zu motivieren, dann suche ich mir eben eine geeignete Persönlichkeit, die mich aufbaut und antreibt ... es wirkt Wunder!

Sicherlich interessiert es Sie, liebe Leser/innen, welchen Weg meine Freundin Doris eingeschlagen hat? Sie hat sich umgehend für eine Ausbildung als Nagel-Stylistin angemeldet und alle Prüfungen mit Diplom abgeschlossen, wenn das keine Sonderleistung ist!

Von nun an lief bei ihr alles wie geschmiert (sie war motiviert), nichts und niemand hätte sie von ihrem Weg abbringen können. Heute empfängt sie in ihrem liebevoll eingerichteten Nagel-Studio Frauen aus nah und fern, welche sich bei ihr die Hände verschönern lassen.

Sie ist eine selbständige Geschäftsfrau und hat auch keinerlei Mühe nebenbei Hausfrau, Mutter und Bäuerin zu sein. Sie bestimmt, wann sie zu welcher Zeit wo ist. Was will man mehr? Es macht ihr auch unwahrscheinlich viel Spass, Komplimente von glücklichen Kundinnen entgegenzunehmen. Dadurch wird ihr Selbstwertgefühl und ihre Unabhängigkeit täglich aufs neue genährt und gestärkt! Sie ist auf keinerlei Hilfe von aussen angewiesen.

Wie dieses Beispiel beweist, ist kein Aufwand zu groß, um sich selbst etwas Gutes zu tun.

An dieser Stelle möchte ich Dir, liebe Doris, ganz herzlich zu dieser positiven Veränderung gratulieren und wünsche Dir für Deine Zukunft weiterhin viel Freude und positiven Erfolg! Du bist ein Superweib – ich bin stolz auf Dich!

Liebe Leser/innen, Sie haben hier gelesen, dass alles möglich ist!

* * *

Nun noch ein paar Worte an verbitterte Hausfrauen: Wenn Sie sich unausgefüllt und leer fühlen, sollten Sie umgehend Veränderungen einleiten! Sie müssen sich ja nicht gleich selbständig machen, überlegen Sie sich einen Aufgabenbereich, der Ihnen Spass macht und der Nutzen bringt.

Haben Sie vielleicht ein Hobby? Könnten Sie sich vorstellen, im Bereich dieses Hobbys ein paar Stunden, zwei Nachmittage oder einfach eine von Ihnen gewünschte Zeit zu investieren? Am besten eignen sich Jobs, wo Sie mit anderen Menschen in Kontakt kommen, das bringt Abwechslung in Ihr tristes Leben!

Wenn Sie eine Familie haben, lässt sich auch diese organisieren, wenn Sie es wollen und auch JA sagen können zu Ihren Absichten! Und denken Sie stets daran: Sie tun es nur für sich selbst und somit auch für Ihr Umfeld (Familie), denn wenn Sie glücklich und zufrieden sind, überträgt sich das auch auf andere! Also handeln Sie noch heute!

Aber aufgepasst: Es lauern auch viele sogenannte »Freunde« (ich nenne sie Energiefresser) nur darauf, jegliche Absichten auf Veränderungen mit Vorwürfen, Mahnungen oder Zurechtweisungen zunichte zu machen:

- »Du kannst doch unmöglich ...«
- »Denk doch an Deine Familie ...«
- »Was denken die anderen ...«
- »Die Kinder kommen zuerst ...«
- »Es ist doch gut so, wie es ist ...« usw.

Ignorieren, ignorieren ... kann ich da nur raten! Auf solche »Freunde« können wir gänzlich verzichten! Wer von Menschen umgeben ist, die immer alles besser wissen wollen und die einen psychisch herunterziehen, hat keine Chance auf Veränderung oder mehr Lebensqualität!

Wechseln Sie langsam aber sicher Ihren alten »Freundeskreis« (die Energiefresser) aus, lösen Sie ihn auf! Machen Sie sich frei ... Ersetzen Sie ihn durch Menschen, die wie Sie Weitblick haben und mehr vom Leben haben wollen. Da bekommen Sie ehrliche Unterstützung und vor allem Motivation!

* * *

Zum Abschluss möchte ich Sie noch auf etwas sehr Wichtiges hinweisen:

Lernen Sie NEIN zu sagen, wenn Sie NEIN meinen.

Fragen Sie sich ab heute bei jeder Entscheidung: Will ich das? Oder will ich das nicht? JA oder NEIN?

Wenn ich NEIN sagen will, ist es meine Pflicht (mir selbst gegenüber) auch wirklich NEIN zu sagen! Sage ich trotzdem JA, obwohl ich eigentlich NEIN meine, so verneine ich mich selbst - wie kann ich NEIN zu mir selbst sagen, nur um andere zufrieden zu stellen? Das ist Selbstbetrug ...!

Wollen wir uns ständig anderen zuliebe selbst betrügen? Das kann doch nicht wahr sein! Wenn ich mich für ein NEIN entscheide, erkläre ich kurz den Grund für das NEIN, und somit ist es erledigt!

Ab sofort bitte keinen Selbstbetrug mehr ... wir schaden uns doch nicht selbst! Lernen Sie NEIN zu sagen. (Auch wenn es Sie am Anfang einige Überwindung kosten wird.)

Mögliche Checkliste für Hausfrauen

- ❍ Wo sehe ich mich in zwei Jahren?
- ❍ Wer lebt an meiner Seite in zwei Jahren?
- ❍ Was mache ich beruflich in zwei Jahren?
- ❍ Wie steht es um meine Gesundheit in zwei Jahren?
- ❍ Habe ich Kinder und wieviele in zwei Jahren?
- ❍ Welche Freunde habe ich in zwei Jahren?
- ❍ Wie steht es finanziell um mich in zwei Jahren?
- ❍ Was für ein Gewicht habe ich in zwei Jahren?

... oder bleibt vielleicht doch alles beim alten, weil es bequemer ist? Schande, kann ich da nur sagen und vergesst nicht, kräftig zu jammern dabei!

Ein Blatt voller Erfahrung ist besser als ein Baum voller Ratschläge.

(Dieser Spruch ist von einem türkischen Mädchen mit dem Namen Dilek, was auf deutsch soviel wie »Wunsch« heisst.)

Glück und Zufriedenheit – eine Pflicht

Glück ist eine Frage der inneren Einstellung. Wer seinen Blick immer nur auf seine (oder fremde) Probleme richtet, lässt dem Glück keine Chance sich zu zeigen.

Unzufriedenheit, Schmerz und Leid halten unsere Gedanken gefangen. Lernen Sie, liebe Leser/innen, umzudenken!

Das Glück steht vor Ihrer Tür und wartet geradezu darauf, von Ihnen hereingelassen zu werden. Der Weg zum Glück ist zubetoniert, wenn wir mit Gefühlen von Aggression, Minderwertigkeit, Schuld, Selbstkritik und Selbsthass beladen sind. Das sind sogenannte Altlasten, die entsorgt werden müssen und zwar schnell.

Aus diesem Grunde gibt es verschiedenste Seminaranbieter, u.a. auch das ACKERMANN-MENTALTRAINING SCHWEIZ, welche dafür bekannt sind, nützliche und praktische Übungen zu lehren, die uns die Fähigkeit bewusst machen, Liebe anzunehmen und zu geben.

Diese Fähigkeit schlummert in jedem von uns. Sie bauen u.a. Selbstachtung, Vertrauen und Selbstwertgefühl auf. Das sind Voraussetzungen dafür, Glück und Zufriedenheit erschaffen und empfinden zu können. Sie sind notwendig, damit wir uns endlich erlauben zu haben und zu wollen, was wir brauchen. Sie gestatten uns, erfolgreich zu sein und das auf allen Ebenen.

Geben Sie, liebe Leser/innen, alle negativen Trugbilder und Gefühle gedanklich an das Universum, an einen Heiligen, einen Engel oder eine Gestalt, die für Sie Weisheit, Liebe und höchste Kraft darstellt, zur Auflösung ab. Eigentlich ist es egal an wen oder was, entscheidend dabei ist, dass Sie nicht am Negativen festhalten, sondern loslassen. Sie können auch jeden Abend vor dem Einschlafen darum bitten, dass Sie in Ihren Träumen Ratschläge, Hilfen und Antworten bekommen. Wichtig dabei ist folgender abschliessender Zusatz: »Bitte gib mir die Botschaften so, dass ich sie klar und deutlich verstehe und dass ich mich beim Aufwachen daran erinnere!«

Die Welt der Illusionen, in der sich die meisten Menschen befinden, ist Leiden. Haltbares und dauerhaftes Glück sind dort nicht zu finden. Das Umherirren in dieser Welt der Täuschungen lässt sich nur durch Erkennen dessen, was wirklich ist, beenden.

An erster Stelle zur Glückfindung steht die Bereitschaft, dem Leiden zu entsagen und eine Fastenzeit von Negativität von unbegrenzter Dauer einzuhalten. Leiden kann wie eine Sucht sein, die einer Entwöhnungskur bedarf. Glück ist, Licht in die Dunkelheit des Schmerzes zu bringen! Leiden ist, im Dunkeln zu bleiben, für immer blockiert ...

Ersetzen Sie negative Glaubensmuster, beispielsweise:

- »Ich bin gegen alles.«
  ➪ NEU: »Ich bin dafür.«
- »Gott und die Welt sind gegen mich.«
  ➪ NEU: »Gott und die Welt sind auf meiner Seite.«
- Lernen durch Leiden.
  ➪ NEU: Lernen durch Freude und mit Leichtigkeit.

Gewöhnen Sie sich an Freude, an Glück, liebe Leser/innen, wenn es sein muss zuerst in kleiner Dosis - gönnen Sie sich jeden Moment Glücksgefühle, und die Dosis wird dadurch automatisch erhöht, weil Glück auch süchtig machen kann. Ersetzen Sie Kritik durch Lob und Anerkennung im Gespräch mit sich und anderen.

Nutzen Sie, liebe Leser/innen, jeden Moment um glücklich zu sein, machen Sie alles, was zu Ihrem Glück, Ihrem Frieden und Ihrer Freude beiträgt! Vertrauen Sie sich! Nehmen Sie sich die nötige Zeit für Entspannung, für Meditation, um zur Ruhe zu kommen.

Dies öffnet alle Türen zur inneren Weisheit. Nehmen Sie die Schönheiten und alles Gute dieser Welt in sich auf - genau diese Aufmerksamkeit ist der Dünger für Ihr persönliches Glück und Ihre Zufriedenheit!

Egal was ich tue, ich kann es mit Freude tun oder widerwillig. Das erste gibt Kraft, das zweite nimmt sie mir. Und ich entscheide in jedem Moment durch meine Gedanken, wie ich es haben will.

Unerlässlich: Die beste Freundin

Für mich persönlich bedeuten Freundschaften sehr viel, ich betrachte sie als unerlässlich und überaus wertvoll. Die beste Freundschaft scheint die zu sein, die in einem bestimmten Moment besonders gut tut und die unsere Lebens- und Entwicklungsbedürfnisse am besten abdeckt oder aber auch die bestimmte Fähigkeiten und Seiten in uns weckt oder zu stimulieren vermag.

Leider werden solche Freundschaften unter Frauen oft zerrissen, die stattfindenden Gespräche als Getratsche abgewertet, obwohl zwei Menschen miteinander über eine Sache reden, einander zuhören (!) und im besten Fall neue Gedanken/Impulse aus diesen Gesprächen ziehen.

Zu einer tiefen Freundschaft gehören Offenheit und absolutes Vertrauen - Vertrauen darf aber niemals missbraucht werden, ansonsten stirbt eine wertvolle Freundschaft. Ehrliche Freundschaft beinhaltet stets Geborgenheit, Verständnis und Unterstützung.

Laut Untersuchungen ist es eine Tatsache, dass Männer nicht annähernd ähnlich empfinden wie Frauen. Deshalb auch die immer wiederkehrende Frage: Wo liegen die Unterschiede im Empfinden zwischen Männlein und Weiblein? Ich meinerseits gehe davon aus, dass Männer unser Gegenpol und Spiegel sind. Zum Glück gibt es diesen Unterschied, denn das zu erforschen macht ja die Männer so interessant für uns.

Für Männer sind Frauenfreundschaften etwas Unergründliches, beinahe Mystisches. Mit einer Mischung aus Neid, nicht dabeisein zu können - und Erleichterung, nicht dabeisein zu müssen, nehmen sie diese Freundschaften hin.

Bei uns Frauen genügen wenige Worte, ein Signal oder ein Augenaufschlag, um sich zu verständigen. In gut funktionierenden Ehen klappt dies auch, unbestritten.

Männer generell sprechen nicht gerne über Probleme oder Gefühle mit ihren Artgenossen, weil das von Schwäche zeugen würde. Männer haben ausschliesslich stark und erfolgreich zu sein! Ein Mann glaubt nur dann ein Mann zu sein, wenn er stark, ehrgeizig und erfolgreich ist. Da bleibt nicht gerade viel Raum für »Gefühlsduseleien«.

Wir Frauen hingegen neigen dazu, unsere Probleme und Gefühle auszudiskutieren, wenn nötig immer und immer wieder, bis sich eine gewinnbringende Lösung findet. Wir nutzen sozusagen die Gespräche als Hilfe zur Selbsthilfe! Für Frauen hat die Auseinandersetzung mit Gefühlen einen enorm hohen Stellenwert.

Männer scheinen diesbezüglich an Grenzen zu stossen. Diese Grenzen sind unter anderem ihre Artgenossen. Mann und Freund geniessen Gespräche über Beruf, Autos, Erfolg, Börsenkurse, Internet und Politik, wohingegen

Frauen die Themen Partnerschaft, Kinder, Spiritualität, Krankheit, Tod und Mode bevorzugen.

FAZIT: Männer setzen sich eher mit Sachthemen und Frauen mehrheitlich mit Themen aus der Gefühlswelt auseinander, eigentlich die ideale Ergänzung.

In einer tiefen Freundschaft ist sehr viel Offenheit, d.h. wir müssen uns nicht hinter irgendwelchen Rollen oder Fassaden verstecken - wir können wir selbst sein, eben offen. Indem Freundinnen untereinander Erfahrungen austauschen wird auch deutlich, dass es nicht bloss Einzelerfahrungen sind, dadurch wird unser Selbstwert wiederhergestellt.

Gemeinsames Frausein verbindet ungemein ... und macht ausserdem stark ... und bekannterweise steht hinter jedem erfolgreichen Mann eine starke Frau!

❊ ❊ ❊

Was bleibt nun zu tun? Es gibt keinerlei Regeln, wie sich Freundschaften entwickeln sollten. Manche Menschen treffen aufeinander, sind sich sofort sympathisch, und man wird das Gefühl nicht los, sich schon jahrelang zu kennen. Andere Menschen, auf die wir treffen, lehnen wir strikt ab, ohne eigentlich zu wissen warum.

Die Qualität einer guten Freundschaft ist nur dann gegeben, wenn man sich wechselseitig bemüht, die

Freundschaft mit ehrlicher Hingabe zu pflegen, was wiederum nicht bedeutet, sich ständig auf der Haube zu hocken.

Falls eine Freundschaft gar nichts mehr hergibt, lassen Sie sie besser langsam einschlafen. Verbringen Sie keine Zeit mit Menschen, die negativ auf Sie wirken – Ihre Zeit ist zu wertvoll.

Kapitel IV : Krankheit und Tod

Ein paar Gedanken zum Thema Krankheit

Da wir mittlerweile über 20 000 Teilnehmer in unseren Mentaltrainings geschult haben, werde ich auch immer wieder von Teilnehmern mit Fragen über Leben, Krankheit und Tod konfrontiert. Diese Menschen suchen einfach nur klärende Antworten oder Trost.

Ich denke, dass ein paar Gedanken von mir auch meine geschätzten Leser/innen interessieren könnten.

Bittere Galle steigt mir auf, wenn mir Teilnehmer mit irgendeiner Form von Krebs von sogenannten Selbsthilfegruppen erzählen. Was da abgeht, grenzt für mich schon an ein Verbrechen! Warum? Ich erkläre es Ihnen: Da hält sich doch irgendein Gruppenleiter für sehr schlau und wichtig, wenn er seinen hilfesuchenden Patienten erklärt: »Du hast Krebs - Du musst damit leben!« Was für eine bodenlose Frechheit, hilfesuchende Menschen mit einer solch negativen Programmierung wieder zu entlassen, sich selbst überlassen. Diese Menschen sind durch die Tatsache der Krankheit schon genug geschwächt, sie hoffen auf jede Hilfe von aussen und nehmen entsprechend alles auf.

Was ist das für eine Motivation: »Du musst damit leben?« Diese betroffenen Menschen müssen gar nichts! Wir müssen! Und zwar sofort! Nämlich umdenken! (Als erster dieser Gruppenleiter.)

Ein weiteres Beispiel: Ich gehe zum Arzt und der stellt die Diagnose »Brustkrebs«. SCHOCK!!!! Es macht für mich als betroffene Patientin einen gewaltigen Unterschied, ob dieser Arzt zu mir sagt: »Zu 80 Prozent muss Ihre Brust entfernt werden« oder aber: »Sie haben Glück, zu 20 Prozent können Sie Ihre Brust behalten.«

Wir wissen ... beides bedeutet dasselbe ... und dennoch sind diese Aussagen prägend.

Ob positiv oder negativ formuliert, wir beeinflussen und programmieren den betroffenen Patienten, und es ist nicht unser Recht, diesem Menschen durch unqualifizierte Äusserungen jeglichen Lebenswillen zu rauben!

Es ist vielmehr unsere Aufgabe, dem Patienten bewusst zu machen, dass er zwar die Krankheit hat, aber um Gottes Willen nicht, dass er damit leben muss! Er muss es nämlich nicht! Wir wissen das von Teilnehmern und aus diversen Büchern, geschrieben von krebsgeheilten Patienten, welche selbst einen Weg zurück zur Gesundheit gefunden haben.

Diagnose bedeutet nicht unabänderliche Prognose, wie lange ein Mensch noch zu leben hat!

Ich selbst hatte eine Verwandte, bei der Brustkrebs diagnostiziert wurde, und bei jeder Jahreskontrolle (25 Jahre lang) sagte man ihr, sie hätte noch ein gutes Jahr zu leben – welche Aussichten?! Aber sie wollte und wollte nicht sterben ...!

Sie hat mir einmal verraten, dass sie sich schon sehr bald nach der besagten Diagnose gedanklich von ihrem »Krebs« verabschiedet hätte. Ausserdem hat sie laufend gesundheitsbringende Botschaften an jede einzelne ihrer Zellen geschickt, ebenfalls gedanklich. Sie war überzeugt, dass ihr genau diese Gedanken die Gesundheit zurückgebracht haben. Sie starb dann an Altersschwäche - nicht an Krebs!

Was nützt uns das schönste Begräbnis, wenn wir noch 25 Jahre hätten leben können?!

Gewiss, es sind nicht alle Mediziner so unkontrolliert in ihren Aussagen, aber genau diejenigen Schwestern, Pfleger, Therapeuten und Ärzte, welche sich jetzt durch diese Zeilen angegriffen fühlen, sollten unbedingt ihr Verhalten, ihre Äusserungen und den täglichen Umgang mit ihren Patienten überdenken und gegebenenfalls ändern.

Soeben (heute ist der 26.5.2000) lese ich einen interessanten Artikel in der Basler Zeitung mit dem vielversprechenden Titel »Die Ärzte gehen in sich!« In einer Medienmitteilung der Schweizer Akademie der Medizinischen Wissenschaften (SAMW) wurden folgende Worte festgehalten: »Keine Frage, die Medizin steckt in der Krise. Sie kann zwar Herzen transplantieren, die Herzen der Menschen erreicht sie aber immer weniger.« Wenn das kein Eingeständnis ist? Erfreulich ist die Tatsache, dass die SAMW gestern mit einem ambitionierten Projekt »Neu-Orientierung der Medizin« an die Öffentlichkeit gegangen ist! Wir sind gespannt, was uns die Zukunft bringen wird ...!

Ich habe kein Studium der Medizin oder ähnliches, aber ich gehe mit wachen und offenen Augen und Ohren durchs Leben. Dabei führe ich sehr, sehr viele Gespräche mit Menschen und deshalb masse ich es mir an, dieses heikle Thema hier aufzugreifen. Vielleicht befindet sich ja unter meinen Leser/innen ein solches Opfer der Medizin, dann hat es sich für mich schon gelohnt, diese Zeilen niederzuschreiben. Wenn es für denjenigen Leser eine Chance ist umzudenken, wird er sie wahrnehmen!

... und bist Du nicht willig, so werde ich krank!

Manche Menschen werden krank, weil sie sich nicht genug beachtet und umsorgt fühlen. Unbewusst manipulieren sie ihre Partner, die Familie oder Kollegen. Dagegen hilft nur eines: Hart bleiben!

Ein Beispiel:

Ursprünglich wollte Vreni in die wohlverdienten Ferien. Der Flug nach Rom war schon gebucht, in knapp einer Woche sollte es losgehen, die Vorfreude war gross. Doch am Ende stornierte sie die Reise wieder ...! Denn am Wochenende erzählte sie ihrer Mutter von ihren Reiseplänen: »Mami, Du weißt, ab Montag habe ich Ferien und am Donnerstag fliege ich nach Rom, da wollte ich doch schon immer mal hin.«

Vrenis Mutter: »Und wer kümmert sich dann um mich? Du weißt doch, meine Herzprobleme können jederzeit und urplötzlich wieder auftreten.«

Darauf Vreni: »Aber Mami, Du hattest doch schon ewig keine Probleme mit Deinem Herzen mehr!« Ab Dienstag war Vrenis Mutter wirklich krank: Herzprobleme!

Vreni blieb zu Hause und meinte: »Schliesslich hat Mami ausser mir ja niemanden.«

Liebevoll pflegte sie ihre Mutter drei Tage lang. Als Vreni am Sonntag ihre Mutter anrief, um sich nach ihrem Wohlbefinden zu erkundigen, lief nur der monotone Anrufbeantworter ... Vrenis Mutter war unterwegs!

Da stieg in Vreni die Wut hoch: »Immer setzt sie ihre Herzprobleme ein, um mich zu erpressen. Kaum habe ich mal was vor, wird sie krank!«

In solchen Fällen geht es grundsätzlich gar nicht um die Krankheit, sondern im Gegenteil um die absolute Kontrolle über einen anderen Menschen.

Ein anderes Beispiel:

Karin hat mit ihren Schwindelanfällen ihren Ehemann fest im Griff. Immer, wenn er einmal alleine etwas unternimmt (eher selten), nimmt er vorsorglich sein Handy mit. Und er kann sicher sein, dass seine Frau Karin spätestens nach zwei Stunden anrufen wird: »Schatz, mir ist wieder so schwindelig, könntest du nicht sofort nach Hause kommen? Ich habe solche Angst!«

Wenn er dann zu Hause ist, stellt er jedesmal dasselbe fest: Nämlich, dass alles nur halb so schlimm ist. Aber trotzdem traut er sich nicht, ihren Anruf zu ignorieren, aus Angst vor Vorwürfen, und es könnte ja wirklich einmal etwas Ernsthaftes sein, und das wiederum könnte er sich nie verzeihen.

Krankheit ist für manche Menschen eine Möglichkeit, unbewusst zu manipulieren. So werden Abhängigkeitsverhältnisse aufrechterhalten, der Partner oder die ganze Familie unter stetigen Druck gesetzt und gefügig gemacht.

So gesehen sind Vrenis Mutter und Karin die vermeintlichen Opfer von Krankheit. Vrenis Mutter und Karin würden weit von sich weisen, dass sie mit ihrer Krankheit die Tochter oder den Ehemann erpressen. Doch derjenige, dem durch die Krankheit Schuldgefühle suggeriert werden, ist das eigentliche Opfer! Vreni zum Beispiel fühlt sich verantwortlich für ihre Mutter und ist deshalb erpressbar.

Natürlich ist es äusserst schwierig, einem Kranken Grenzen zu setzen. Oft kommt dann die Angst dazu, dass sich die Situation zuspitzt und dadurch verschlimmert. So gesehen drehen sich der Kranke und das Opfer immer weiter im Kreis, es sei denn, das Opfer erkennt die Lage und bricht aus, indem es sich nicht mehr manipulieren lässt.

Vreni hätte auf jeden Fall in die Ferien fahren müssen. Selbst auf die Gefahr hin, dass ihre Mutter einen Herzanfall bekommen hätte – dafür ist sie nämlich nicht verantwortlich. Vreni muss *ihr* Leben leben, denn sie hilft ihrer Mutter durch ihre ständige Rücksichtnahme überhaupt nicht.

Auch haben viele Kranke nicht gelernt, ihre emotionalen Bedürfnisse auszusprechen. Also lassen sie ihren Körper sprechen: Sie betteln durch ihre Krankheit förmlich um mehr Liebe und Aufmerksamkeit. Aber auch Lieblosigkeit und Verletzungen werden so »gerächt«.

Wir alle wurden in diese Welt gesetzt, um unseren eigenen Weg zu finden. Wir sind nicht glücklich, wenn wir unser Leben nach den Vorstellungen anderer gestalten.

(James van Praagh)

Mit dem Tod umgehen lernen

Wer will schon nicht den Tod begreifen? Können wir ihn überhaupt begreifen?

Ich glaube, wenn wir ihn begreifen können, ist es bereits zu spät, und wir sind ihm schon gefolgt ... aber dazu bin ich noch nicht bereit! Sterben müssen wir alle, das ist eine unabänderliche Tatsache, und dann bekommen wir vielleicht alle unsere Fragen beantwortet. Bis dahin gebe ich mich mit meinen Vermutungen zufrieden, die vielleicht auch Ihnen, geschätzte Leser/innen, weiterhelfen oder Ihnen zumindest das Gefühl vermitteln, mit Ihren Vermutungen nicht alleine dazustehen.

Für viele bedeutet LEBEN = TOD = LEBEN ... ! Wir könnten davon ausgehen, mehrere Leben zu haben. Zwischen den jeweiligen Leben, also im Tod, befinden wir uns in einer ganzheitlichen/göttlichen Dimension, auch Paradies genannt. Nur in dieser Dimension können wir wahrnehmen, was uns an Wissen und Erfahrungen (Lebensaufgaben) noch fehlt. Wir wählen in dieser göttlichen Dimension unser nächstes Leben aus, mit entsprechenden Menschen, die uns helfen, eine »Stufe« höher zu kommen – in Richtung göttliche Vollkommenheit. Dazu wählen wir eine passende menschliche Hülle (unseren Körper). Unser aller Lebensziel ist es, zur göttlichen Vollkommenheit zu gelangen. Dieses Lebensziel ist tief in uns verankert, auch ohne dass wir bewusst daran glauben.

Es gibt Berge von bekannten Büchern über das »Leben nach dem Tod« und auch Tatsachenberichte von Menschen, die über ihre »Nah-Tod-Erfahrung« schreiben. Bei Interesse fragen Sie in Ihrer Buchhandlung gleich um die Ecke nach.

Wer mir nicht das Gegenteil beweisen kann, soll mich mit negativen Zweifeln verschonen ... ich glaube daran und für mich ist es gut so, befriedigend und sinnvoll!

* * *

Der Tod eines Kindes ist besonders schrecklich, für uns alle unfassbar. Dass betroffene Mütter aus der Bahn geworfen werden, ist durchaus verständlich.
Warum muss ein kleines Menschenkind diese Welt verlassen? Warum stirbt ein hilfloses kleines Baby? Ein Horrorgedanke für jede Mutter!

Und doch ist es eine Tatsache, dass irgendetwas in diesem Kind diesen Weg gewählt hat. Bei einem alten Menschen können wir das alles noch irgendwie nachvollziehen, wenn er stirbt. Entweder er stirbt, weil seine Lebensuhr abgelaufen ist oder vielleicht an einer Krankheit – es hat einen Sinn (den wir noch nicht kennen).

Das verstorbene Kind hat ein Wissen, welches wir nicht haben können, und deshalb tun wir uns so schwer, die gegebenen Umstände anzunehmen. Wir haben keine Macht und kein Recht zu erwarten, dass unser Kind hundert Jahre alt wird! Keiner auf dieser Welt weiss den Tag und die Stunde seines Todes, und es ist gut so. Vielleicht fällt mir noch in dieser Stunde ein Dachziegel auf den Kopf und spaltet mir den Schädel ... wer weiss das schon?!

Ich habe mich schon oft mit verwaisten Eltern unterhalten und möchte hier die wichtigsten Erkenntnisse für mich aus diesen Gesprächen festhalten:

Trauer sollte ein Prozess sein, der zu einem Ende führt (zurück in ein normales Leben).

Das wichtigste Vorgehen nach einem Todesfall ist die Trauerarbeit! Das heisst mit der Trauer umgehen, aber sie keinesfalls festhalten. Wenn wir an der Trauer festhalten, können wir das verstorbene Kind nie loslassen bzw. erlösen. Das verstorbene Kind wird nicht wieder lebendig, nur weil wir meinen, in eine endlose Trauer verfallen zu müssen. Wir sollten eher versuchen, einen Weg, zurück in ein Leben ohne Schuldgefühle zu finden. Schuldgefühle blockieren uns nur.

Trauerarbeit ist also unerlässlich. Nach Erfahrungen betroffener Eltern ist dazu ein klärender Dialog mit dem verstorbenen Kind sehr ratsam. Das Beispiel einer Möglichkeit, den Kontakt herzustellen, gebe ich Ihnen, liebe Leser/innen, gerne in den folgenden Zeilen in Form einer Übung:

Sie machen es sich bequem, indem Sie sich hinsetzen oder hinlegen, wo immer Sie es wollen. Wichtig dabei ist nur, dass Sie sich rundum wohlfühlen.

Nun schliessen Sie die Augen und atmen dreimal tief ein und aus und stellen sich dabei vor, wie Sie sich gedanklich mit Ihrem verstorbenen Kind an einem wunderschönen Ort treffen.

Diesen Ort bestimmen Sie, z.B. in einem schönen Raum, im Sandkasten, auf dem Balkon, im Garten oder irgendwo, wo Sie sich wohlfühlen.

Und ein Teil in Ihnen weiss genau, dass Sie durch die Aufnahme dieser Verbindung EINS sind mit dem verstorbenen Kind, wenn Sie es wollen.

Nach der Begrüssung führen Sie einen klärenden Dialog mit Ihrem Kind: Sie stellen Ihre Fragen und bitten um Vergebung, dass Sie nicht in der Lage waren zu helfen, und sie sprechen über Ihre Schuldgefühle (falls welche vorhanden sind).

Klären Sie restlos alles, was Sie bedrückt.

Zum Abschluss schicken Sie Ihrem Kind gedanklich weisses Licht (positive Energie) und verabschieden sich mit den besten Wünschen ... und lassen los.

Diese Kontaktaufnahme können Sie mit allen Toten pflegen, doch nicht zeitlich unbegrenzt. Ich würde empfehlen, bis alles geklärt ist, dann lassen wir die Verstorbenen los ... respektieren auch Sie den Seelenfrieden der Verstorbenen!

Nach einer gewissen Zeit sollten Sie unbedingt den Schritt ins Leben zurück wagen. Vielleicht ein neues Kind? Es sollte kein Ersatz sein! Wichtig ist, dass Sie beim nächsten Kind nicht überängstlich reagieren.

Sie »müssen« es lernen. Unsere Schicksalsschläge sind Zeichen, die wir wahrnehmen und erkennen sollten. Ignorieren wir sie, wiederholen sich die Schicksalsschläge, bis wir etwas daraus gelernt oder erkannt haben, um an unser aller Lebensziel zu kommen.

Und noch etwas: Von trauernden Müttern höre ich oft den Vorwurf, der Vater des verstorbenen Kindes trauere zuwenig ... Dies zu erklären bedarf weniger Worte: Männer haben auch eine Natur und zwar eine andere als wir Frauen. Männer verarbeiten Todesfälle auf ihre eigene Art, sie gehen anders damit um, aber deshalb ist ihre Trauer nicht geringer! Also versuchen Sie, Ihre Männer von Vorwürfen dieser Art zu verschonen. Es könnte im Falle einer Übertreibung das Ende der Familie bedeuten (Trennung)!

Was wir zum Thema Trauer von unseren Kindern lernen können: Kinder gehen mit der Trauer selbstverständlich um – sie ergreifen das Leben, ihre Zukunft und verharren nicht in der Vergangenheit (Trauer). (v. U.K.) Das bedeutet: Das Kind ist viel mehr im Jetzt. Die Vergangenheit und die Zukunft sind eher ausgeblendet. Trauer, Schuld usw. sind Dinge der Vergangenheit. Angst ein Ding der Zukunft. Da also das Kind eher im Jetzt ist, sind Schuld, Angst usw. normalerweise nicht existent.

Deine Kinder sind nicht Deine Kinder.
Sie kommen durch Dich,
aber nicht von Dir.

Und obwohl sie bei Dir sind,
gehören sie nicht Dir.

Du kannst ihnen Deine Liebe geben,
aber nicht Deine Gedanken.
Denn sie haben ihre eigenen Gedanken.

Du kannst ihrem Körper ein Haus geben,
aber nicht ihrer Seele,
denn ihre Seele wohnt im Haus von morgen,
das Du nicht besuchen kannst,
nicht einmal in Deinen Träumen.

Du kannst versuchen,
ihnen gleich zu sein, aber versuche nicht,
sie Dir gleich zu machen.
Denn das Leben geht nicht rückwärts und
verweilt nicht beim Gestern.

Du bist der Bogen, von dem Deine
Kinder als lebende Pfeile
ausgeschickt werden.
Freuen soll sich der Bogenschütze,
wenn er sieht,
wie seine Pfeile fliegen.

(Aus Khalil Gibran: *Der Prophet*)

Kapitel V : Liebe

Beziehungen

Liebe ist einfach himmlisch - aber nicht himmlisch einfach ...
... und himmlisch einfach. Genau das ist so schwierig für uns, denn: Für uns Erwachsene muss sich doch alles kompliziert darstellen, sonst kann es ja nichts Besonderes sein!

Die Liebe gehört bekanntlich zu den grössten Rätseln des Lebens. Selbst der Volksmund gibt sich diesbezüglich zweideutig: »Gleich und gleich gesellt sich gern« oder aber »Gegensätze ziehen sich an«. Was stimmt nun eigentlich? Grundsätzlich gibt es nicht gute oder schlechte Beziehungen, sondern nur unterschiedlich geprägte.

Die einen suchen das harmonische Miteinander, die anderen den Reiz der Gegensätze. So muss man oft recht viele Frösche küssen, bis man endlich einen Prinzen findet und sich dann in ein paar Jahren herausstellt, dass der Prinz ein noch viel grösserer Langweiler ist als ein Frosch.

Wer sich in Sommersprossen verliebt, sollte halt auch an den Winter denken ...! Nun gut.

Liebe ist eine der tollsten und reichsten Energiequellen. Liebes-Energie fliesst immer dann, wenn sich zwei Menschen offen und herzlich begegnen (auch bei der Begegnung zwischen Freunden, Nachbarn, Eltern und Kindern). Sehr stark fliesst diese Energie in unserer engsten Beziehung, nämlich in unserer Partnerschaft.

Wenn zwei Menschen ihre stärksten Bedürfnisse und Begabungen in einer Beziehung ausdrücken, ausleben bzw. entwickeln können, dann liegt die energetische Dominanz nie dauerhaft in den Händen eines Partners, sondern im Idealfall geben und nehmen beide Liebenden einander Kraft, wertvolle Energie!

Wenn in einer Partnerschaft immerzu nur einer gibt, ist diese früher oder später zum Scheitern verurteilt, der Energiefluss gerät ins Stocken, und das kostet ungeheuer viel Kraft.

Nach Meinungsverschiedenheiten mit unserem Partner, nach ermüdenden Diskussionen mit dem alles-besser-wissenden Gegenüber, oder aus welchem Anlass auch immer wir erschöpft, gestresst oder traurig sind, haben wir dennoch immense Möglichkeiten, uns aus dieser Tiefe zu befreien und unsere Batterien wieder aufzuladen. Zum Beispiel der eine durch einen Spaziergang, der andere hört seine Lieblingsmusik, wieder andere lesen oder gönnen sich ein wohliges Vollbad oder aber sprechen sich bei jemandem aus, der gut zuhören und Mut machen kann. Man kann aber auch singen, tanzen, malen oder meditieren, um in seine Mitte zurückzufinden.

Leider aber haben es viele Menschen nie gelernt, sich auf ihre eigenen Energiequellen zu stützen oder Nutzen daraus zu ziehen, obwohl es ungemein beruhigend und hilfreich ist.

Wenn es in einer Beziehung häufig kriselt, sollten wir uns folgende Fragen stellen:

- ❍ Warum habe ich seinerzeit genau diesen Partner gewählt?
- ❍ Was verbindet mich heute noch mit meinem Partner?
- ❍ Welche Gefühle (ehrlich!) empfinde ich noch für meinen Partner?
- ❍ Welche Gefühle habe ich, wenn ich im Bett neben meinem Partner liege?
- ❍ Welche gemeinsamen Ziele streben wir noch an?
- ❍ Behandle ich meinen Partner so, wie ich von ihm behandelt werden möchte?
- ❍ Sehe ich noch eine gemeinsame Zukunft mit meinem Partner, will ich alt werden mit ihm?

Wenn wir diese Fragen positiv beantworten können, werden wir einer wahrlich rosigen Zukunft mit unserem Partner entgegensehen können! Wenn wir andererseits eher dazu neigen, bei jeder dieser Fragen den Kopf zu schütteln oder krampfhaft nach Antworten suchen müssen, sollten wir uns ernsthaft und umgehend überlegen: »Was tue ich noch hier?« Antworten wie:

- ❍ Ich bleibe doch unseren Kindern zuliebe ...
- ❍ Ich kann doch meinen Partner nicht verlassen, was denken die anderen ...
- ❍ Lieber diesen Partner als gar keinen ...

sollten wir uns selbst zuliebe niemals gelten lassen, sondern so schnell wie möglich Schritte einleiten, um diese (für beide Parteien) unbefriedigende Situation zu ändern, dann erst ist das Leben wieder lebenswert.

Hat uns unser Partner betrogen und, wie man so sagt, »über den Zaun gefressen«, dann hat er unser Wertvollstes, unser Gefühl aufs schändlichste verletzt und unser Vertrauen aufs übelste missbraucht! Zurück bleibt ein Scherbenhaufen voll Frust, Trauer, Minderwertigkeitsgefühlen, gebrochenem Herzen und Verletzungen in Form von Narben auf unserer Seele.

Der sich abzeichnende Bruch, die Unruhe und die Angst vor dem Verlassenwerden können Zeichen von Lektionen sein, die wir lernen müssen ... !

Doch selbst, wenn wir uns bereit erklärt haben, unserem Partner zu vergeben und neu anzufangen, sind unsere Sinne diesbezüglich doch sehr geschärft, unsere „Antennen« (Wahrnehmungen) sind stets ausgefahren. Das kleinste Fehlverhalten unseres Partners wird von uns jeweils aufs schärfste kritisiert, denn wir verlangen von unserem Partner (unbewusst) ewige Reue, da er ja uns verletzt und betrogen hat und nicht wir ihn.

Diese Situation ist eine der schwierigsten Prüfungen in einer Partnerschaft und verlangt von beiden Seiten sehr viel an offenen Gesprächen, Geduld und Verständnis – es ist ein Prozess, der zu einem Ende führen sollte!

Während dieses ganzen »Trullallas« kann sich aber auch echte Liebe (neu) entwickeln, um zwischen den frostig-kalten Augenblicken dieser Lernprozesse durchzuscheinen ... und wo die Sonne scheint, sieht alles gleich viel rosiger aus. Bis dahin gehen wir mit offenem Herzen und wachen Augen unseren gemeinsamen Weg und träumen davon, dass es so bleibt.

Wenn es uns gelingt, erneut zu unserem Partner zurückzufinden, zu verzeihen, ihm gegenüber wieder

Wertschätzung und echte Zuneigung zu empfinden, dann haben wir es geschafft. Nur dann werden wir eine Zukunft in Zufriedenheit erwarten können. Verletzt uns aber ein Partner immer wieder erneut, sollten wir uns schnellstmöglich von ihm verabschieden, dann ist er unverbesserlich, denkt nur an sein Ego, seine Vergnügen und hat uns somit nicht verdient!

Wenn Freundschaft zwischen Mann und Frau zu Liebe wird, gewinnt sie noch eine völlig neue Dimension hinzu. Liebe beinhaltet immer Glück und Schmerz zugleich. Sie macht den kühlsten Denker bereit, die grössten Dummheiten zu begehen. Sie macht das Leben auf eine ungeahnte Weise lebenswert.

Das Eheversprechen, den Lebensweg gemeinsam zu gehen, bleibt immer ein Wagnis. In den entscheidenden Bereichen des Lebens müssen wir auf letzte Sicherheit verzichten. Was für Freundschaft gilt, trifft auf Liebe in besonderer Weise zu:

Kein Mensch ist mir sicher, niemals ist er mein Besitz. Jede Zuwendung, jedes Zeichen des Vertrauens ist ein Grund zur Dankbarkeit und eine grosse Herausforderung.

* * *

Männer ... !

Aufschlussreich finde ich immer wieder die Storys von Frauen über Männer, die an mich herangetragen werden. Es scheint so, dass ein grosser Teil der Männer (nicht alle!) nach dem 50. Lebensjahr erhebliche Probleme im

Bereich Selbstfindung/Identität bekommen bzw. haben, was sich wie eine schwarze Wolke über die jeweiligen Beziehungen legt.

Bei uns Frauen scheint das Alter der Selbstfindung so um die 40 zu liegen. Das ist dann, wenn wir vielleicht einen zweiten Berufsweg einschlagen oder wenn wir anfangen zu töpfern ... Da Männlein und Weiblein unterschiedlicher Natur sind, läuft logischerweise auch das Älterwerden unterschiedlich ab.

Wir Frauen kommen so um die 50 in die Wechseljahre und, wenn wir es zulassen, mit all ihren unangenehmen Erscheinungen. Die Männer hingegen kommen in eine sogenannte und altbekannte Midlife-Crisis. Irgendwie scheint bei den Männern um die 50 der absurde Gedanke aufzukommen, all die vergangenen Jahre in Frage zu stellen, um schlimmstenfalls nochmals neu anzufangen, um vermeintlich Verpasstes nachzuholen und um doch noch allen beweisen zu können, wie gut sie doch sind.

Auf Grund von Erzählungen scheint es momentan absolut im Trend zu liegen, mehrere Frauen zu haben. Sofern diese Männer schon eine Ehefrau haben, muss diese natürlich schnellstmöglich einen Abgang machen, um den sprichwörtlichen »frischen Wind« reinzulassen, d.h. einer neuen, jüngeren Frau ihren Platz zu überlassen. Alles wird ersetzt, angefangen bei der Frau über das Auto, die Bekleidung bis hin zum After-shave. Wenn das den Kumpels und Kollegen nicht imponiert?!

Von einem ganz konkreten Fall weiss ich, dass der Mann (um die 50) eine Lebenspartnerin hat, welche ihm zwei ganz reizende Kinder geschenkt hat. Er hat seine Partnerin bis zum heutigen Tag nicht geheiratet - das älteste Kind dürfte mittlerweile 15 (!) Jahre alt sein. Neben der Mutter seiner zwei Kinder hält er sich zusätzlich noch eine Freundin, auch schon über Jahre hinweg. Die Mutter seiner Kinder wartet schon seit Jahren vergeblich auf eine Heirat, das weiss ich von ihr selbst. Mittlerweile hat sie sich an diese Umstände gewöhnt, hat sozusagen aufgegeben. Die »Freundin« wird nur zu »Ferien-Zwecken« benutzt, und soviel ich weiss, eine andere Freundin wiederum nur für die Opern-Besuche. Besagter Mann ist eindeutig auf der falschen Seite der Erdkugel geboren, in diesen Breitengraden pflegt man bekanntlich keinen Harem zu haben, ohne dass die eine oder andere Frau darunter leidet. Dieser Mann kann je nach Lust und Laune diese oder jene Frau herbei pfeiffen, gerade nach seinen momentanen Bedürfnissen.

Dieser Mann ist ein Ober-Macho - er will alles, aber was ist er bereit dafür zu geben?! Er bedient sich aller Freiheiten, und wie ich weiss, duldet er selbst keine Nebenbuhler!

Ich bin eine Frau und weiss deshalb ganz genau, was wir Frauen von einer Beziehung erwarten. Ganz bestimmt nicht einen Partner, den wir teilen müssen und der sich nebenbei noch eine oder zwei Freundinnen hält!

Dieser Mann scheint die Begabung zu haben, sich zwei bis drei Frauen durch rhetorische Fähigkeiten warm zu halten. Weiss der Teufel, was er ihnen alles erzählt und verspricht. Dennoch weiss ich von der Mutter seiner Kinder, dass sie nicht gerade glücklich über diese Situation ist ... aber trotzdem bleibt sie bei ihm ... ?! Diese Frau ist etwa zehn Jahre jünger als er, gutaussehend und intelligent und fügt sich, wie so viele andere Frauen, in ihr Schicksal, verändert nichts! Wo bleibt da die Wertschätzung des Mannes für die Mutter seiner zwei Kinder, auf die er so stolz ist und die er über alles liebt?

Diese Frau hat die besten Jahre ihres Lebens an diesen Macho-Mann vergeben und bekommt dafür nicht, was sie sich so sehnlichst von ihm wünscht - nämlich die Hochzeit und seinen Namen!

Natürlich habe ich mir dazu auch die Meinung des Mannes angehört: »Ich will mich nicht binden, ich will mich nicht einengen lassen, ich brauche meine Freiheiten ...«, was für einleuchtende Argumentationen.

Ich kenne mindestens fünf Fälle dieser Art (aus nächster Umgebung) und kann dabei die Resignation dieser Frauen, die über Jahrzehnte hinweg auf eine erlösende Veränderung warten, nicht begreifen!

Ein paar Frauen unter uns haben diesbezüglich wieder ganz andere Probleme: Wenn sie von ihren Partnern zu wenig gelobt werden, zu wenig Wertschätzung erfahren, sexuell kaum oder nicht begehrt werden, dann holen sich diese Frauen ihre Genugtuung von aussen, von einem anderen Mann.

Einen Partner zu hintergehen bedeutet für Frauen immer ein schlechtes Gewissen, sie haben Schuldgefühle. Weil sie selbst Geschöpfe mit verletzten Gefühlen sind, nehmen sie in ihrer Verzweiflung oft den nächstbesten Mann (der ihnen gerade schöne Augen und Komplimente macht), um die ersehnten Aufmerksamkeiten zu bekommen. Eigentlich suchen sie Anerkennung, Wärme und Liebe und bekommen dabei nur ein paar Schmeicheleien und werden sexuell ausgenutzt. Infolge des Schuldgefühls ihrem Partner gegenüber verhalten sich diese Frauen zu Hause meist ruhig, nehmen, was sie bekommen und freuen sich hin und wieder auf das »Zückerchen«, auf die gelegentlichen Treffs mit ihrem »Freund«. Weiterhin träumen sie im geheimen von einem Traum-Mann, einem Prinzen, der sie von ihrem Kummer erlöst.

Aber ich sage Ihnen eines, liebe Betroffene: »Sie werden ewig und vergeblich warten! Sie müssen sich selbst aus der unglücklichen Verbindung befreien und neu anfangen! Sie dürfen sich nicht nur mit »Trostpflästerchen« begnügen, sondern müssen neu beginnen, mit einem neuen Partner, der zu Ihnen passt!«

Wie heißt es im Volksmund: »Es gibt noch viele Mütter mit schönen Söhnen!«

In einer trostlosen Beziehung zu verharren, nur weil wir glauben, es müsse so sein, ist ein gewaltiger Irrtum. Wir sollten den notwendigen Mut zur Veränderung unbedingt aufbringen: Von nichts kommt nichts! Wie soll etwas Neues, Besseres kommen, wenn wir uns am Alten und Unbequemen festkrallen, nicht loslassen?

Mein Mann pflegt hin und wieder zu mir zu sagen: »Entscheide, aber entscheide richtig!«

Liebe Leser/innen, diese kurze Aufforderung gebe ich hiermit an Sie weiter, mit dem innigen Wunsch, dass auch Sie sich immer richtig entscheiden!

Der Sinn einer partnerschaftlichen Beziehung kann nur darin liegen, dass sich (zwei) Menschen zusammentun, um ein Spiegelbild zu haben, einander helfen zu reifen, mehr über sich zu lernen und um gemeinsam über sich hinauszuwachsen!

Sollte es zu Differenzen kommen, werden beide Partner ihr ganzes Kommunikationstalent aufbringen, um eine Lösung zum Wohle aller zu finden.

Liebe Leser/innen, ich wünsche Ihnen allen eine glückliche, liebevolle und herausfordernde Beziehung! Nur in einer solchen können wir wachsen und zufrieden sein!

Es gibt nichts Gutes, ausser man tut es.

(Erich Kästner)

Kapitel VI : Mentaltraining

Übung

Ich habe in diesem Buch von verschiedenen Ängsten geschrieben, und ich möchte Ihnen zum Abschluss eine ganz einfache, aber sehr wirkungsvolle »Angstauflösetechnik« beschreiben, die Sie einmal ausprobieren können.

Diese Technik kommt ursprünglich aus der Timeline-Therapie und wurde von Tad James erfunden. Vereinfacht und verkürzt dargestellt, geht Tad James davon aus, dass wir alle bisherigen Erlebnisse, Ereignisse usw. in einer Art Zeitlinie (Timeline) gespeichert haben. Mit Veränderungen an dieser Zeitlinie kann man in ganz kurzer Zeit enorme Veränderungen an einem Menschen verursachen. Es ist daher wichtig, dass Sie nur das tun, was ich jetzt beschreibe. Experimentieren oder spielen Sie also bitte nicht mit dieser Zeitlinie herum.

Schliessen Sie einmal Ihre Augen, und stellen Sie sich in Ihrer Fantasie eine waagrechte Linie vor Ihrem Kopf vor. Diese Linie können Sie sich z.B. als Schnur, als Stange oder etwas Ähnliches vorstellen. Diese Linie ist Ihre Zeitlinie. Stellen Sie sich vor, genau in der Mitte dieser Linie steht eine Fahne. Diese Fahne bezeichnen wir als Jetzt-Fahne. Sie symbolisiert den heutigen Tag, das Jetzt.

Die linke Hälfte der Zeitlinie symbolisiert Ihre Vergangenheit, und alles was sich rechts der Jetzt-Fahne befindet symbolisiert Ihre Zukunft.

Wenn Sie an ein Ereignis vor zwei Jahren denken, wird diese Erinnerung vom Gefühl her im linken Teil der Zeitlinie liegen.

Wenn Sie an ein Ziel in der Zukunft denken, wird dieses vom Gefühl her rechts von der Jetzt-Fahne in der Zeitlinie liegen.

Wenn Sie an eine Situation denken, die mit Angst verbunden war, dann ist es sehr wahrscheinlich, dass diese nicht die einzige Situation in Ihrem Leben war, die mit Angst zu tun hatte. Vermutlich gab es schon Angstgefühle in der Kindheit, im Mutterleib oder vorher. Diese Verkettung von Ereignissen, die mit dem Gefühl der Angst zu tun haben, nennt man in der Timeline-Therapie »Gestalt«.

Jetzt ist es so: Wenn wir es schaffen, von so einer »Gestalt« das allererste Ereignis aus dem Nervensystem zu löschen, ist die ganze »Gestalt« verschwunden.

Das bedeutet: Sie können dann an irgendeine Situation denken, in der Sie einmal Angst hatten, und es wird keine Angst mehr in Ihnen aufkommen.

Versuchen Sie einmal folgende Übung:

Setzen Sie sich in einen bequemem Stuhl, schliessen Sie Ihre Augen.

Definieren Sie eine Angst, die Sie manchmal in irgendeinem beliebigen Zusammenhang haben.

Dann stellen Sie sich in Ihrer Fantasie vor, wie Sie mit einem Hubschrauber oder einem Heissluftballon weit nach oben schweben. Schweben Sie so weit nach oben, bis Sie unten die vollständige Zeitlinie wahrnehmen können, von ihrem Anfang über die Jetzt-Fahne bis zur Zukunft.

Dann sagen Sie sich im Geist: »Liebes Unterbewusstsein, bitte trage mich über meiner Zeitlinie so weit in Richtung Vergangenheit, bis ich eine halbe Stunde vor dem Beginn des allerersten Ereignisses, das mit dieser Angst zu tun hat, über der Zeitlinie stehenbleibe. Sollte auf der Zeitlinie ein Trauma gespeichert sein, bitte ich Dich, mir den Zugriff zu verwehren.«

Es ist wichtig, dass Sie Ihre Ratio zurücknehmen. Also nie überlegen, welches Ereignis in meiner Vergangenheit könnte denn mit meiner heutigen Angst zu tun haben? Ihr Unterbewusstsein weiss das tausendmal besser, und erfahrungsgemäss ist es fast immer etwas, an das Sie über Jahrzehnte nie mehr gedacht haben. Oft werden Sie zu einem Ereignis geführt, das aus Ihrer heutigen Sicht völlig harmlos war, aber damals, als es passierte, waren Sie vielleicht eineinhalb Jahre alt und haben es deshalb anders erlebt, als Sie es heute erleben würden.

Schweben Sie also hoch oben, über Ihrer Zeitlinie in Richtung Vergangenheit und Sie werden dort unten in irgendeiner Form das allererste Ereignis wahrnehmen. Sie werden einfach wissen: Dort ist es. Manchmal wird Ihnen bewusst, was für eine Situation es war, manchmal nicht. Für den Erfolg der Technik ist das nicht wichtig.

Schweben Sie weiter zurück bis eine halbe Stunde vor Beginn des allerersten Ereignisses, und bleiben Sie dann dort stehen.

Schauen Sie nun schräg, via Ereignis, dort unten in der Zeitlinie in Richtung Jetzt-Fahne.

Und nun stellen Sie sich, weiter über Ihrer Zeitlinie schwebend, über Ihrem Kopf eine grosse, pulsierende Lichtkugel vor. Stellen Sie sich vor, wie aus dieser Kugel über einen weissen Lichtkanal weisses Licht durch Ihren Kopf in Ihren Körper strömt. Sobald Ihr ganzer Körper mit diesem reinen Licht aufgefüllt ist, stellen Sie sich vor, wie dieses weisse Licht aus Ihrem Herz herausströmt und wie ein

Scheinwerferstrahl auf das allererste Ereignis dort unten in der Zeitlinie strahlt und dieses allmählich zum Leuchten bringt.

Wenn das Ereignis dort unten leuchtend strahlt, haben Sie es vollständig transformiert (nach etwa 30 Sekunden).

Nun können Sie sich erlauben, langsam über der Zeitlinie in Richtung Jetzt-Fahne zu schweben, und bleiben Sie dann genau über dem Ereignis stehen.

Prüfen Sie Ihr Gefühl. Wenn es total ausgeglichen ist, können Sie langsam nach unten in das Ereignis in der Zeitlinie eintauchen und die Situation noch einmal mit allen fünf Sinnen durchleben.

Falls bei diesem »Check« die Angst immer noch etwas wahrnehmbar sein sollte, wiederholen Sie diese Übung einfach.

Schweben Sie schliesslich wieder nach oben, schweben Sie in Richtung Jetzt-Fahne und lassen Sie sich dann wieder in das Jetzt hinunter. Öffnen Sie die Augen.

Die Übung ist beendet.

Nachwort

Sehr geschätzte Leser/innen, Sie haben sich die Zeit genommen, mein Buch zu lesen, und dafür möchte ich mich ganz herzlich bei Ihnen bedanken! Ich fühle mich geehrt, dass Sie an meinen Gedanken und Gefühlen teilgenommen haben!

Es war nicht immer ganz einfach für mich, selbst erlebte, »sinnlose« Geschichten aus dem wahren Leben für Sie niederzuschreiben, ohne dass bei mir gewaltige Emotionen, verbunden mit Hilflosigkeit, zum Ausbruch gekommen sind. Diese geben Ihnen vielleicht hier und da das Gefühl, von mir geschulmeistert zu werden. Dies ist ehrlich nicht meine Absicht, denn ich habe kein Recht zu schulmeistern ...!

Ich sehe meine Aufgabe beim Schreiben eher darin, aufzurütteln, aufzuwecken, bewusst zu machen, zu motivieren und Möglichkeiten aufzuzeigen, an die Sie vielleicht gar nicht denken. Wenn ich durch gewisse Darstellungen den einen oder anderen unter Ihnen verletzt haben sollte, möchte ich mich an dieser Stelle und sofort dafür bei Ihnen entschuldigen.

Wenn es mir jedoch gelungen ist, dass Sie, liebe Leser/innen, negative Bereiche in Ihrem Leben ins Positive umgewandelt haben, so dass Sie in Ihrem Leben wieder einen Sinn sehen, oder aber, dass Sie vor Lebensfreude und Erwartungen nur noch so strotzen, dann hat es sich für mich gelohnt, und ich freue mich unbändig mit Ihnen über Ihren Erfolg, denn dann weiss ich, ich habe mit meiner Arbeit - mit diesem Buch - etwas Gutes bewirkt.

Das Geheimnis Ihres Erfolges liegt in einem Wort:

! T U N !

Was nützen uns die schönsten Erkenntnisse und Diskussionen, wenn wir nichts verändern, nichts TUN!

Abschliessend wünsche ich Ihnen, liebe Leser/innen, auf Ihrem weiteren Lebensweg Reichtum an Erfahrungen, Zufriedenheit und stets offene Herzen, vergesst dabei die Kinder nicht!

In herzlicher Verbundenheit

Ihre

Anhang : Leserbriefe zu meinem ersten Buch *Ab heute tu ich, was ich will!*

Liebe Frau Ackermann,

Ich heisse Nathalie ich bin 11 Jahre alt. Ich hatte das Buch gelesen, das heisst: »ab Heute tu ich was ich wil«. Seid dem intresire ich mich an das Kinder Mentaltraining. Keunen Sie mir unter lagen schicken Bitte.
Ich würde mich sehr freuen.

Vielen Liebe Grüsse

Nathallie

* * *

Liebe Frau Ackermann,

nachdem ich Ihr Buch, welches mich so tief beeindruckt, gelesen hatte und lange überlegte, ob ich Ihnen meine Gedanken hierzu schreiben sollte, möchte ich Ihnen (ohne Erwartung einer Antwort) diese Zeilen doch schreiben.

Einleitend sei erwähnt, daß ich das Mentaltraining seit ca. 8 Jahren als tägliches (geistiges) Brot zu mir nehme. Ich hatte das Glück, Ihr Seminar in Hamburg als Wiederholer nochmals erleben zu dürfen, um dann einer Bekannten einen Gedankenaustausch bzw. Hilfe für die Zeit nach diesem Mentaltraining geben zu können sowie meine eingefahrene Trainingspraxis aufzufrischen. So sah ich mich eher als Begleiterin meiner Bekannten.
Nun hatte ich wieder die Möglichkeit, das enorme Wissen, welches Ihr Mann auf eine so geniale Weise vorträgt und das für die Menschen von einer unübersehbaren Wichtigkeit ist, aufnehmen zu können. Eigentlich ist jeder Satz von Ihrem Mann sehr bedeutungsvoll, und man erkennt, wie viel wirksamer das gesprochene Wort auf einer sehr positiven, geistig getragenen Ebene ist, als das geschriebene Wort.
Auch denke ich, daß diejenigen Besucher, die offensichtlich die Bedeutung des Mentaltrainings gar nicht erfassen, von der geistig. Ebene u.a. als Verstärkung der positiven Wirkung hingeführt werden. Unter der kosmischen Gesetzmäßigkeit: Was ich bekämpfe, mache ich stark. Vielleicht sind immer einige Statisten im Seminar erforderlich, um noch mehr positive Energie im Raum zu bewirken? Jedenfalls waren diese 3 Tage für mich überraschenderweise eine einzige Offenbarung. Ich konnte in der nachfolgenden Woche viele Fenster für mich öffnen und meine Sichtweise sehr verbessern.
Überzeugt bin ich auch davon, daß Sie zum guten Gelingen der Mentaltrainings, die von Ihrem Mann einen enormen Kraftaufwand fordern, einen sehr wichtigen Beitrag geben. Bewundernswert ist Ihre Stärke, über die Sie auf-

grund Ihrer fürchterlichen Kindheit verfügen. Daß Sie verzeihen konnten, was uns allen so sehr schwerfällt, zeichnet Sie ganz besonders aus. Ihr Buch werde ich so oft es angebracht ist, weitergeben. Das Thema Vergebung zwischen Kindern und Eltern ist aufgrund unserer mentalen Lebenseinstellung oft sehr schwer. Dabei erfüllen unsere Eltern doch lediglich den Zweck, uns den Wunsch zu ermöglichen, unser Ziel bzw. die Aufgabe, die wir uns für dieses Leben gestellt hatten, zu erreichen.
Man sollte den Kindern schon in der Schule die »Nächstenliebe« und »Verzeihen« lehren, so würde uns dieses später leichter fallen. Ich freue mich auch darüber, daß Sie die Kinder-Mentaltrainings geben. Diese Seelen sind dann auch im späteren Leben sehr viel weiter.
Ich frage mich überhaupt, wie stark werden wir von der geistigen Welt in unserem Leben geführt und was bleibt noch an Eigeninitiative?
Meiner Ansicht nach haben Sie sich vor langer Zeit unbewußt auf Ihre wertvolle Aufgabe zusammen mit Ihrem Mann vorbereitet, um Ihren Mitmenschen auf wunderbare Weise zu helfen. Ich wünsche Ihnen und Ihrem Mann Gottes Segen und viel Kraft für Ihre Aufgabe.

Mit freundlichen Grüßen
E.R.

* * *

Liebe Frau Ackermann!

Am letzten Donnerstagabend habe ich Ihr Buch »Ab heute tue ich, was ich will« gekauft – am Freitag kurz nach Mittag hatte ich es bereits »verschlungen«.
Ich war sehr beeindruckt von Ihrer offenen und sehr liebenswürdigen Art, wie Sie Ihr Leben erzählten. Auch traurige Erlebnisse haben Sie bewundernswert positiv formuliert, ohne dass deren Gehalt verloren ging. Obwohl meine Kindheit nicht ganz so tragisch war, hatte ich oft das Gefühl, ich lese meine eigene Geschichte.
Im 2. Teil gab mir Ihr Buch leicht verständliche Antworten auf meine Fragen. Seit einiger Zeit besuche ich wöchentlich ein Mentaltraining – und es tauchen natürlich immer wieder Fragen auf, deren Antworten mich brennend interessieren, da das mentale Training für mich ein sehr aktuelles Thema ist.
Da ich schon einiges über Sie weiss, hier einige Daten von mir. Ich werde im April 36 Jahre jung, bin in Luzern aufgewachsen und wohne seit gut 10 Jahren in Bern. Im Herbst 1999 schliesse ich meine Weiterbildung ab und arbeite zur Zeit als Geschäftsleitungsassistentin. Verheiratet bin ich nicht, aber ich habe einen lieben und wunderbaren Freund. Schon seit längerer Zeit spüre ich, dass »meine Zeit hier in Bern« am Ablaufen ist. Es zieht mich nach Basel oder Umgebung, wieso, weiss ich auch nicht genau. Meine gutbezahlte Stelle habe ich bereits gekündigt, im Vertrauen darauf, zum richtigen Zeitpunkt die optimale Anstellung zu erhalten – meine letzten 2 Anstellungen waren nicht gerade die absoluten Glückstreffer…

Nachdem ich am Sonntag den Teil 2 ein 2. Mal gelesen habe, begann ich, »die Treppe hinab ins Kino zu gehen und meine neue optimale Stelle, meinen neuen wunderbaren Wohnsitz usw. in den schönsten Farben zu visualisieren«.
Bis jetzt habe ich das Programmieren vorwiegend für die Parkplätze in der Stadt angewandt. Mit Erfolg, meistens finde ich am besten Ort zur problematischsten Zeit einen Platz. Letzten Donnerstag hat mir sogar ein lieber Autofahrer gesagt, er fahre gleich weg, als ich in einer Kolonne stand. Es war erst noch ein Gratis-Parkplatz, wo ich genügend Platz zum Parkieren hatte.
Sehr wertvoll war für mich auch das Kapitel »Denkhygiene«. Ich fahre jeden Tag über eine Stunde Auto – was mir in dieser Zeit alles so durch den Kopf ging! In den meisten Fällen begann es schon am Morgen beim Duschen und Schminken und endete spät abends. Kein Wunder also, waren meine letzten 2 Arbeitsplätze nicht das Gelbe vom Ei! Ab sofort achte ich noch bewusster auf meine Gedanken. Trotzdem rutsche ich manchmal ins alte Denkmuster. Es ist unglaublich, was Gedanken alles bewirken können. Plötzlich lächeln mich alle an – sogar mein Chef.
Liebe Frau Ackermann, Ihr Buch war genau das, was ich jetzt brauchte. Danke, dass Sie es geschrieben haben, Sie haben mir damit wieder Lebensfreude, Vertrauen in die Zukunft und auch in mich, und noch vieles mehr gegeben.
Schade ist nur, dass die Kunst des mentalen Trainings nicht bereits an der Schule gelehrt wird. Mein Leben hätte um einiges angenehmer verlaufen können. Nun, wahrscheinlich musste ich all diese Erfahrungen machen. Aber jetzt habe ich Ihr Buch gelesen, und am letzten Freitag hat

Teil 2 meines Lebens begonnen, nämlich der schöne, freudige, unbeschwerte, zufriedene, glückliche und lebensfrohe usw.
Es würde mich natürlich sehr freuen, von Ihnen zu hören.

In der Zwischenzeit grüsse ich
Sie und Ihre Familie herzlich.

S.S.

* * *

Liebe Frau Ackermann,

mit Freude, aber auch grosser Verwirrung, habe ich heute Ihr Buch »Ab heute tu ich, was ich will« gelesen. Es hat mir Mut zum Weitermachen gegeben, wofür ich Ihnen sehr dankbar bin – ich hatte soeben aufgegeben!
Was ich da gelesen habe, ist mit einigen Abweichungen mein bisheriger Lebensweg – das »Happy End« ist allerdings noch ausstehend! Leider habe ich als Kind schon die falsche Überlebensstrategie angewandt, statt wie Sie an die Zukunft zu glauben, habe ich die ganzen Lieblosigkeit, Kälte, Schläge und den sexuellen Missbrauch durch den Stiefvater mit dem Glauben an einen gnädigen frühen Tod ertragen. Jetzt bin ich 41 und lebe noch immer! Mit 16 erlebte ich eine Situation, die mich hätte umbringen müssen – doch auf wundersame Weise entkam ich meinem

»Schicksal« und ein Baby musste an meiner Stelle sterben. Heute weiss ich allerdings, dass mein Schicksal das Leben und das Schicksal des Babys der Tod war. Vor 3 Jahren wurde ich als unheilbar krank abgeschrieben – nach einem Monat arbeitete ich wieder und nach einem Ruckschlag, der ein Jahr dauerte, zähle ich mich jetzt zu den gesunden Menschen! Mit Polarity-Therapie bin ich jetzt auf dem Weg, meinen Körper, genauer gesagt meinen Unterleib wieder mit mir als ganzes Wesen zusammenzuführen. Diverse intuitive Menschen haben mich in letzter Zeit mehrmals auf mein grosses Problem aufmerksam gemacht und es folgendermassen formuliert: sie spüren eine überdimensionale Liebe und Kraft in mir und denken, dass das jeder Mensch, der mit Sorgen beladen oder mit einem körperlichen Problem behaftet sei, von weitem erkennen könne. Natürlich kommen sie dann auf mich zu und reagieren dann verletzt oder aggressiv auf mich, weil ich ihnen das nicht gebe, was sie von mir erwarten oder gar klar verlangen. Nun ist es wieder passiert: nach dem 1. Ehemann (Spieler), dem 2. Ehemann (sehbehindert und schwach), musste ich mich von meinem 3. Lebenspartner (Schleudertrauma) trennen, nachdem er mich in seiner Hilflosigkeit geschlagen hat. Da ich mich jetzt aber dazu entschlossen habe, mich nie wieder demütigen, misshandeln, schlagen und finanziell ruinieren zu lassen, muss ich irgendwoher die Kraft nehmen können, um all den Menschen zu helfen, die das von mir verlangen, und zwar auf eine Weise, die nicht mich selbst zerstört. Das muss sich aber auch beruflich manifestieren lassen, denn auch jetzt muss ich zum wiederholten Mal erleben, dass mich ein Chef zurückstuft, weil ich mit seinen eigenen Worten »zu

gut« bin in meinem Job, das heisst, er fühlt sich in seiner Autorität untergraben, weil sich die Mitarbeiterinnen mit ihren Sorgen an mich als die Stellvertreterin wenden und die Kundschaft auch lieber mit mir verhandelt. Der langen Rede kurzer Sinn, denken Sie, dass mir ein Kurs im mentalen Training hilfreich sein könnte, um mich zu verwirklichen, ohne irgendwo auf meinem Weg zum »Säntis« kurz vor Erreichung des Gipfels wieder auf die »Schwägalp« zurückgestossen zu werden? Wann führen Sie Kurse in der Schweiz oder im Süddeutschen Raum durch? Gibt es solche, die mehr auf das private Leben anwendbar und ausgelegt sind? Und »last but not least«, was kostet mich das, denn nach meiner letzten Trennung stehe ich natürlich wieder mal auf Konto null?
Ich hoffe, dass Sie die Zeit finden werden, mir auf meine Fragen zu antworten und grüsse Sie freundlich mit den besten Wünschen für ein gesegnetes Weihnachten und ein glückliches und erfolgreiches 1998.

Y.R.

* * *

Grüezi Frau Ackermann,

im Mentaltraining von Pfingsten 2000 habe ich Ihnen diesen Brief angekündigt. Vielleicht können Sie sich erinnern. Heute ist es an der Zeit, Ihnen für Ihren Einsatz zu danken und Ihnen über meine Fortschritte zu berichten. Und nun erzähle ich Ihnen, wie meine jetzige Situation aussieht:
Als Kind las ich begeistert immer wieder die Bücher »Turnachkinder und Theresli«. Damals wuchs in mir der Traum, dass für mich nur ein Haus in Frage käme, und zwar musste es am Wasser liegen, mit Schilf umgeben sein, und eine riesige alte Trauerweide sollte auf dem Grundstück stehen. Vorausgeschickt, ich bin JETZT, zusammen mit meiner Freundin, Besitzerin eines solchen Hauses!
Der Weg? Absolut unvorstellbar!
Meine Tochter, damals 22 Jahre alt, verfiel auf die Idee, sie wolle mit mir verreisen. Ich wehrte mich, denn ich hatte keine Ferien und Geld sowieso nicht. 2 Tage später hatte sie eine Reise ans Rote Meer gebucht, meinen Chef um Ferien gebeten und mir das Geld vorgeschossen. Im engen Charterflugzeug kam ich sehr bald in Körperkontakt mit meinem Nachbarn, einem beleibten, älteren Herrn. Wir kamen ins Gespräch, und er erzählte mir, dass er mit Frau, Tochter und Enkelin im gleichen Hotel wie wir gebucht habe. Wir kamen an, das Hotel war überbucht, und wir bekamen statt des Last-minute-Zimmers eine Junior-Suite als Ersatz! Schnell lernten wir die Familie des älteren Herrn kennen, und ich verstand mich auf Anhieb blendend mit seiner Tochter. Sie erzählte

mir von ihrer Eigentumswohnung und ich ihr von meinem Traumhaus. Genau so ein Haus besitze sie doch, meinte sie, und sie denke schon lange daran, ihren Ex-Mann, der zu Hälfte daran beteiligt sei, auszuzahlen, und sie denke, dass der Moment gut sei, der Mann bekomme wieder Nachwuchs und sei jetzt bereit zum Verkauf. Wir flogen zum nächsten Termin nach Ungarn, wo das Haus steht, und was sehe ich! Ein Traumhaus, direkt an der kleinen Donau, mit eigenem Bootssteg und genau über diesem einen riesige alte Trauerweide! Das ganze war für Fr. 150 000 zu haben. Ich schaute auf meinen Kontostand, aha, Fr. 2,75, also nicht im Minus, vertraute ich voll auf den Kurs und dachte mir, wenn eine seriöse Bank mir aufgrund des Lohns als Sicherheit das Geld gibt ... dann kaufen. Die hat gegeben, und ich habe gekauft! Jetzt müssen wir noch umbauen ... aber das ist ja nur noch Weg, oder?

Im Kurs habe ich mir programmiert: »Der passende Partner kommt auf mich zu«, und einen Stall für meine lang ersehnten Lamas sollte er natürlich auch noch besitzen!
Der Weg? Noch unwahrscheinlicher!
Ein Kollege von mir wollte mit einer 156er Kontaktnummer Männer verarschen, er brauchte dazu eine Frau, die für ihn einen Gratisbriefkasten eröffnet, ich war im Moment sowieso sehr schlecht auf Männer zu sprechen und machte mit Freuden mit. Natürlich hatte ich Zugang zu diesem Briefkasten und amüsierte mich königlich, wie viele Männer auf diesen Typen reinfielen.
Eines Tages hörte ich aber auch die Inserate aus der Rubrik »Seriöse« ab und eine Stimme ist mir sofort einge-

fahren. Ich antwortete also. Als er mich aber kennenlernen wollte, bekam ich kalte Füsse, dachte: »Soweit bist du noch nicht, so einen Quatsch mitzumachen« und rief nicht zurück. Eines Tages war er wieder auf der Box und lachte: »Ich glaub ich spinne, ich sitze wie ein Doofer vor dem Telefon und warte auf einen Anruf, der doch nie kommt.«
Er tat mir leid, und er imponierte mir, weil er über sich selbst lachen konnte. Ich rief ihn an, entschuldigte mich, weil ich ja nicht an einer festen Beziehung interessiert war und erklärte ihm die Sachlage. Wiederum lachte er, mit seinem unwiderstehlichen Lachen und antwortete, er wisse eigentlich auch nicht, wieso er so einen Quatsch gemacht habe, er sei eigentlich auch noch nicht bereit, es habe ihn einfach gestochen, und nun wolle er mich aber trotzdem kennenlernen. Gemein wie ich war, bestellte ich ihn in den Spätdienst und zog eine 2 Nummern zu grosse Uniformhose an, die ich mit dem Gurt zusammenzog, bis ich rundum Bundfalten hatte und wie eine Bratwurst aussah! Die Schminke habe ich mir natürlich auch gespart und harrte der Dinge, die da kommen sollten. Wie habe ich mich geschämt, als der Typ, der da mit einem Blumenstrauss aufkreuzte, optisch genau mein Traummann war! Er blieb aber bis Feierabend und stand am nächsten Abend wiederum mit Blumen bewaffnet da.
Wir harmonierten auf Anhieb und waren schon am 2. Abend über beide Ohren verliebt, redeten bis 3 Uhr morgens und hatten das Gefühl, als wenn wir uns ewig kennen würden, irgendwann aus einer Unterhaltung herausgerissen wurden und diese nun zu Ende führen würden.
Trotzdem, der Stall, meine Lamas ... Es passte also für mich nicht ganz, und ich sagte ihm dieses auch. Er könne

mit einer Affäre rechnen, aber als Angestellter an der Uni, so ohne Stall ... sorry. Er lud mich trotzdem auf das kommende Wochenende zu seiner Mutter mit seinen Kindern zusammen zum Essen ein. Sie ahnen es sicher, seine Mutter bewohnt ein wunderbares Gehöft im Zürcher Oberland mit toller Aussicht ... mein Traum! Er zeigte mir den Stall, und nach zwei Monaten überschrieb ihm die Mutter das Anwesen. Wir sind seit Februar überglücklich verheiratet. Ich wohne jetzt übrigens bei ihm, und seine Kinder, 20 und 22jährig, haben mich voll akzeptiert. Sobald die 2 flügge sind, ziehen wir auf den Hof!

Zum Thema Ferien:
Als ich meinen Mann kennenlernte, waren wir fix und fertig, brauchten dringend Ferien, hatten aber kein Geld. Kein Problem sagte ich, was wir brauchen, bekommen wir. Ich gewann 3 Wochen später Fr. 5000.– in Reisegutscheinen und mein Mann eine Woche danach Fr.1000.– im Internet, und wir logierten in einem traumhaften Marmor- und Glaspalast auf Kos! (Mein Mann war platt!) Jetzt nicht mehr, er war Pfingsten auch in Wildhaus am Ackermann-Mentaltraining!

Mein Problem: Durch meinen misshandelnden Stiefvater, ein schwacher Mensch, habe ich in der Folge nur schwache Männer entsprechend meinem Männerbild ausgewählt und auch sonst ein ausgeprägtes Helfersyndrom ausgebildet, das habe ich in Basel am Mentaltraining aufgelöst.

Was jetzt folgt, erzähle ich nicht gerne, es tönt zu absurd! Vielleicht halten Sie mich jetzt für irrenhausreif, es ist auch für mich zu hoch, es ist aber Tatsache!
Eines Nachts erwachte ich durch einen lauten Knall im Schlafzimmer. Es wurde unwahrscheinlich hell, und ich erschrak tödlich, als ich im Licht meinen verstorbenen Stiefvater sah. Doch die Angst verschwand und machte einer unfassbaren Ruhe Platz. Er sprach mit mir, erklärte mir, wie leid ihm alles tue, was er mir angetan habe, und er finde keine Ruhe. Ich vergab ihm und bat ihn, ab jetzt für mich zu sorgen und seine Hand beschützend über mich zu halten von dem Ort aus, an dem er sich befinde. Er versprach es mir und war verschwunden.
Ich zweifelte lange an meinem Verstand, aber ich weiss, dass es wahr ist, und seit dem Zeitpunkt bin bereit zu helfen, aber ich vergebe mich nicht mehr selber und spüre die Menschen, die sich wie Blutsauger an mich heften und grenze mich von dieser Sorte Menschen ab.
Die Menschen um mich herum begannen, mich dauernd zu berühren und zu umarmen, was ich absolut nicht gewöhnt war, und eines Tages sprach ich eine Kundin darauf an. Sie antwortete: »Früher hattest Du wie eine Mauer um Dich, und wir getrauten uns nicht, in Deine Nähe zu kommen. Jetzt spüre ich, dass Du in dem Licht stehst, in das wir alle gerne möchten, und wenn ich Dich berühre, bekomme ich etwas davon ab, es tut mir einfach gut.«
Auch da, ich weiss nicht, was ich mit dieser Aussage anfangen soll, aber ich bin sicher, die Zeit wird es weisen. Ich gönne mir jetzt erstmals etwas Ruhe und auch die ist mir geschenkt worden.

Trotz der ungewissen finanziellen Zukunft, ich habe jetzt ja ein Haus, kündigte ich meinen Job, und ... die Arbeitslosenkasse anerkannte meinen früheren Posten als unzumutbar, und ich beziehe die Gelder jetzt ohne Straftage, als ob mir der Arbeitgeber gekündigt hätte. Ich nutze diese geschenkte Zeit dankbar für Weiterbildung, die Kasse hat mir 2 Wochen Word und 2 Wochen Excel bezahlt und als Krönung darf ich im August das Ultra Projekt besuchen (und auch aus eigenen Mitteln bezahlen)! Ich bin mir sicher, dass sich in Wildhaus meine berufliche Zukunft oder Berufung, wie auch immer, manifestieren wird und sich mir mein Weg auch auf diesem Gebiet auftun wird. Das schönste Gefühl ist für mich dieses Vertrauen, das Urvertrauen, das mir als Kind genommen wurde, wieder zu spüren, meinen Körper wieder wahrzunehmen (die sogenannte unheilbare Neurodermitis hat sich übrigens auch in Luft aufgelöst) und mich selbst als überglücklich bezeichnen zu können. Ich liebe mich jetzt selbst und lasse es zu, geliebt zu werden!

Liebe Frau Ackermann, das haben Sie mir alles ermöglicht, und ich werde Ihnen mein Leben lang dankbar dafür sein. Bei jedem Erfolg, den ich verbuche, denke ich an Sie wie an meine beste Freundin, und ich kann Sie nur zu IHREM Entschluss beglückwünschen, IHR Leben in einem Buch zu veröffentlichen und so vielen Menschen den Anstoss und das Werkzeug in die Finger zu geben, um ihr eigenes Leben in die Hand zu nehmen und absolut positiv zu verändern. Ich hoffe, ich habe mich Ihres Geschenkes würdig erwiesen und die Hoffnungen, die Sie in mich gesetzt haben, erfüllt. (Ich bleibe dran!)

Dank natürlich auch an Ihren Mann, der mir das alles beigebracht hat!

Alles Gute für Sie und Ihre Familie wünscht Ihnen von Herzen

X.T.R.